教科書ガイド

帝国書院 版

社会科
中学生の地理

―― 完全準拠 ――

地理

JN079590

編集発行 **文理**

この本の使い方

はじめに

　この教科書ガイドは，あなたの教科書に合わせて教科書の重要な用語やポイントをわかりやすく解説しています。また，教科書のさまざまな問いかけの答えや，その解き方を載せています。重要語句やポイントを付属の赤シートを被せて消すことができるようになり，何度も繰り返して学習事項を確認できます。授業の予習・復習，定期試験の学習に役立てましょう。

この本の構成

		教科書の重要語句と問題の答えをまとめた，この本の中心となるページです。
①要点解説	教科書ナビ	●教科書で，特に重要な語句を含む文を抜き出しています。 ●教科書のページと行を載せています。
	徹底解説	●教科書ナビに載せた重要語句の意味や背景を丁寧に解説しました。 ●重要語句のいくつかは色文字になっているので，赤シートを活用して覚えていきましょう。 　👤…重要人物につきます。　🔍…重要事項につきます。
	教科書の 答えをズバリ！	●「確認しよう」「説明しよう」など，教科書の問いかけの答えを「ズバリ！」載せました。
	技能をみがく	●教科書にのっている「技能をみがく」の解説と答えを載せています。 ●社会科の理解に必要な，資料の読み方や使い方を説明しています。
②特集 学習を振り返ろう		●教科書の特集や発展的なコラム，単元末の「学習を振り返ろう」の内容を丁寧に解説しました。 ●「確認しよう」「説明しよう」などの問いかけの答えも載せています。
③おさらい！ 一問一答ポイントチェック		●定期試験に備えた，一問一答の問題です。 ●赤シートを活用しながら，何度も使ってポイントを確認しましょう。

効果的な使い方

赤シートで
繰り返し！

①知識を確認する 📖

教科書を読みながら，
「教科書ナビ」と「徹底解説」で
重要語句をおさえる！

②理解を深める

教科書の問いにチャレンジ！
「答えをズバリ！」で答えを確認
しよう！

③学習を定着させる 📖

「一問一答ポイントチェック」
で，重要語句をおさらい！

テスト前 📖

「学習を振り返ろう」のページを，
教科書と合わせてチェック！

 ページを確認し終えたら，右上の顔に✓を書いて笑顔にしましょう。😐 ▶ 😊

もくじ

この本の使い方 ………………………… 2
もくじ …………………………… 3・4・5

第 1 部
世界と日本の地域構成

第 1 章 世界の姿

① 私たちの住む地球を眺めて ……………… 6
② いろいろな国の国名と位置 ……………… 7
③ 緯度と経度 …………………………………… 9
④ 地球儀と世界地図の違い ……………… 11
学習を振り返ろう …………………………… 13
一問一答ポイントチェック ……………… 14

第 2 章 日本の姿

① 世界の中での日本の位置 ……………… 15
② 時差でとらえる日本の位置 …………… 16
③ 日本の領域とその特色 ………………… 18
④ 都道府県と県庁所在地 ………………… 20
学習を振り返ろう …………………………… 22
一問一答ポイントチェック ……………… 23

第 2 部
世界のさまざまな地域

第 1 章 人々の生活と環境

① 世界のさまざまな生活と環境 ………… 24
② 暑い地域の暮らし ……………………… 26
③ 乾燥した地域の暮らし ………………… 27
④ 温暖な地域の暮らし …………………… 28
⑤ 寒い地域の暮らし… …………………… 29
⑥ 高地の暮らし …………………………… 30
⑦ 世界各地の衣食住とその変化 ………… 31
⑧ 人々の生活と宗教の関わり …………… 32
学習を振り返ろう …………………………… 33
一問一答ポイントチェック ……………… 35

第 2 章 世界の諸地域

第 1 節 アジア州

① アジア州の自然環境 …………………… 36
② アジア州の農業・文化と経済発展 …… 37
③ 経済成長を急速に遂げた中国 ………… 39
④ 最も近い隣国，韓国 …………………… 40
⑤ 経済発展を目指す東南アジア ………… 41
⑥ 産業発展と人口増加が急速に進む
　 南アジア ……………………………… 43
⑦ 資源が豊富な中央アジア・西アジア… 44
学習を振り返ろう …………………………… 45
一問一答ポイントチェック ……………… 46

第 2 節 ヨーロッパ州

① ヨーロッパ州の自然環境 ……………… 47
② ヨーロッパ文化の共通性と多様性…… 49
③ EUの成り立ちとその影響 …………… 50
④ ヨーロッパの農業とEUの影響 ……… 51
⑤ ヨーロッパの工業とEUの影響 ……… 52
⑥ EUが抱える課題 ……………………… 53
学習を振り返ろう …………………………… 55

第 3 節 アフリカ州

① アフリカ州の自然環境 ………………… 56
② アフリカの歴史と文化 ………………… 57
③ 特定の輸出品に頼るアフリカの経済… 58
④ アフリカが抱える課題とその取り組み
　 ………………………………………… 59
学習を振り返ろう …………………………… 60

もくじ

一問一答 ポイントチェック …………… 61

第4節　北アメリカ州

① 北アメリカ州の自然環境 …………… 62

② 移民の歴史と多様な民族構成 ……… 63

③ 大規模な農業と多様な農産物 ……… 64

④ 世界をリードする工業 ……………… 66

⑤ アメリカ合衆国にみる生産と
　消費の問題 …………………………… 68

学習を振り返ろう …………………… 69

第5節　南アメリカ州

① 南アメリカ州の自然環境 …………… 70

② 多様な民族・文化と人々の生活 …… 71

③ 大規模化する農業と成長する工業
　…………………………………………… 72

④ ブラジルにみる開発と環境保全 …… 74

学習を振り返ろう …………………… 75

第6節　オセアニア州

① オセアニア州の自然環境 …………… 76

② 移民の歴史と多文化社会への歩み…… 77

③ 他地域と結び付いて発展する産業 … 79

学習を振り返ろう …………………… 80

一問一答 ポイントチェック …………… 81

第3部

日本のさまざまな地域

第1章　身近な地域の調査

第2章　日本の地域的特色

① 山がちな日本の地形 ………………… 84

② 川がつくる地形と海岸や海洋の特色
　…………………………………………… 86

③ 日本の気候 …………………………… 88

④ 日本のさまざまな自然災害 ………… 90

⑤ 自然災害に対する備え ……………… 91

一問一答 ポイントチェック …………… 93

⑥ 日本の人口 …………………………… 94

⑦ 日本の資源・エネルギーと電力 …… 95

⑧ 日本の農業・林業・漁業とその変化
　…………………………………………… 97

⑨ 日本の工業とその変化 ……………… 99

⑩ 日本の商業・サービス業 …………… 101

⑪ 日本の交通網・通信網 ……………… 102

⑫ さまざまな地域区分 ………………… 103

学習を振り返ろう …………………… 104

一問一答 ポイントチェック …………… 105

第3章　日本の諸地域

第1節　九州地方

① 九州地方の自然環境 ………………… 106

② 火山と共にある九州の人々の生活…… 108

③ 自然を生かした九州地方の農業 …… 109

④ 都市や産業の発展と自然環境 ……… 110

⑤ 南西諸島の自然と人々の生活や産業
　…………………………………………… 111

学習を振り返ろう …………………… 112

地域の在り方を考える ……………… 113

第2節　中国・四国地方

① 中国・四国地方の自然環境 ………… 114

② 交通網の整備と人々の生活の変化…… 115

③ 瀬戸内海の海運と工業の発展 ……… 116

④ 交通網を生かして発展する農業 …… 117

⑤ 人々を呼び寄せる地域の取り組み…… 118

学習を振り返ろう …………………… 119

地域の在り方を考える ……………… 120

一問一答ポイントチェック ……………121

第3節　近畿地方

① 近畿地方の自然環境 ………………122

② 琵琶湖の水が支える
　京阪神大都市圏 …………………123

③ 阪神工業地帯と環境問題への
　取り組み …………………………124

④ 古都京都・奈良と歴史的景観の
　保全 ………………………………125

⑤ 環境に配慮した林業と漁業 ………126

学習を振り返ろう …………………127

地域の在り方を考える ……………128

第4節　中部地方

① 中部地方の自然環境 ………………129

② 中京工業地帯の発展と
　名古屋大都市圏 …………………130

③ 東海で発達するさまざまな産業 ……131

④ 内陸にある中央高地の産業の
　移り変わり ………………………133

⑤ 雪を生かした北陸の産業 …………135

学習を振り返ろう …………………136

地域の在り方を考える ……………137

一問一答ポイントチェック ……………138

第5節　関東地方

① 関東地方の自然環境 ………………139

② 多くの人々が集まる首都，東京 ……141

③ 東京大都市圏の過密問題とその対策
　………………………………………142

④ 人口の集中と第3次産業の発達 ………144

⑤ 臨海部から内陸部へ移りゆく工場 ……145

⑥ 大都市周辺の農業と山間部の
　過疎問題 …………………………146

学習を振り返ろう …………………147

地域の在り方を考える ……………148

一問一答ポイントチェック ……………149

第6節　東北地方

① 東北地方の自然環境 ………………150

② 伝統行事と生活・文化の変化 ………151

③ 稲作と畑作に対する人々の
　工夫や努力 ………………………152

④ 果樹栽培と水産業における人々の
　工夫や努力 ………………………154

⑤ 工業の発展と人々の生活の変化
　………………………………………155

学習を振り返ろう …………………156

地域の在り方を考える ……………157

第7節　北海道地方

① 北海道地方の自然環境 ……………158

② 雪と共にある北海道の人々の生活
　………………………………………159

③ 厳しい自然環境を克服してきた稲作
　………………………………………160

④ 自然の恵みを生かす畑作や
　酪農，漁業 ………………………161

⑤ 北国の自然を生かした観光業 ………163

学習を振り返ろう …………………164

地域の在り方を考える ……………165

一問一答ポイントチェック ……………166

第4部
地域の在り方

写真提供：アフロ

① 私たちの住む地球を眺めて

CHECK! ・・
確認したら✓を書こ

ポイント 地球上の海洋と陸地の割合は7：3。海洋は三大洋とそのほかの海，陸地は六つの大陸と数多くの島々からなっている。世界は六つの州に地域分けでき，アジア州はさらに五地域に分けられる。

教科書ナビ

●2ページ 5行め
海洋は（…）三つの**大洋**と，そのほかの海からなります。

●2ページ 10行め
陸地は，（…）**六つの大陸**と数多くの島々からなります。

●3ページ 2行め
世界を，（…）いくつかの地域に分けるとき，よく使われるのが**六つの州**に分ける方法です。

徹底解説

🔍 **【三つの大洋】**
太平洋，大西洋，インド洋の三つの大洋。世界で最も面積が大きいのは太平洋で，五つの大陸に囲まれている。

🔍 **【六つの大陸】**
ユーラシア大陸，アフリカ大陸，北アメリカ大陸，南アメリカ大陸，オーストラリア大陸，南極大陸の六つの大陸。最も面積が大きいのはユーラシア大陸。

🔍 **【六つの州】**
ヨーロッパ州，アジア州，アフリカ州，北アメリカ州，南アメリカ州，オセアニア州の六つ。ヨーロッパ州とアジア州は，ユーラシア大陸にあり，ウラル山脈を境に分けられる。
また，アジア州は，次の五つの地域に分けることができる。
・東アジア …中国，韓国，日本など
・東南アジア…タイ，マレーシアなど ・南アジア…インドなど
・中央アジア…カザフスタンなど ・西アジア…イランなど

教科書の 答え をズバリ！

やってみよう p.3 大陸や大洋の名前と位置
右の図の通り

やってみよう p.3
1 アジア州とヨーロッパ州にまたがっている国
　トルコ，ロシア
2 アジア州とアフリカ州にまたがっている国
　エジプト
3 北アメリカ州と南アメリカ州にまたがっている国
　パナマ

確認しよう p.3 知っている三つの国がある大陸と州
例 中国…ユーラシア大陸，アジア州
　フランス…ユーラシア大陸，ヨーロッパ州
　アメリカ合衆国…北アメリカ大陸，北アメリカ州

確認しよう p.3 日本の位置
例 日本は，アジア州の東アジアに位置し，ユーラシア大陸の東，太平洋に面している。

② いろいろな国の国名と位置

CHECK!
確認したら ✓ を書こう

ポイント 世界には190余りの国がある。島国，内陸国，面積が大きい国，小さい国，人口が多い国，少ない国，何を国境としているか，国名や国旗の由来，料理や文化など特徴のある国の名前と位置を覚える。

教科書ナビ

○4ページ 5行め
日本のように，（…）国は島国とよばれます。

○4ページ 6行め
一方，（…）海に面していない国は内陸国（…）。

○6ページ 1行め
国と国の境を国境といいます。

徹底解説

🔍 【島国】
国全体が大陸から離れ，周りを海で囲まれている国。日本やイギリス，ニュージーランド，マダガスカル，スリランカなど。

🔍 【内陸国】
海に面していない国。周りは陸地で，ほかの国とは陸続きでつながっている。スイス，モンゴル，ボリビア，ザンビアなど。

🔍 【国境】
国と国との境。多くは山脈や川，湖などの自然の地形に沿って決められている。緯線や経線に沿って決められていることもある。

技能をみがく

やってみよう p.5

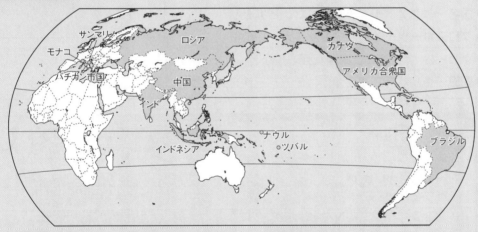

1 面積が最も大きい5か国（2017年）

① ロシア（1710万㎢）
② カナダ（999万㎢）
③ アメリカ合衆国（983万㎢）
④ 中華人民共和国（960万㎢）
⑤ ブラジル（851万㎢）

面積が最も小さい5か国（2017年）

① バチカン市国（0.44㎢）
② モナコ公国（2.02㎢）
③ ナウル共和国（21㎢）
④ ツバル（26㎢）
⑤ サンマリノ共和国（61㎢）

2 人口が多い5か国（2017年）

① 中華人民共和国（14億952万人）
② インド（13億3918万人）
③ アメリカ合衆国（3億2446万人）
④ インドネシア（2億6399万人）
⑤ ブラジル（2億929万人）

教科書の \答え/ をズバリ！

資料活用 p.4　世界の料理と発祥地

シューマイ（中華人民共和国），キムチ（大韓民国），カレー（インド），フォー（ベトナム）

資料活用 p.4　島国と内陸国

内陸国…モンゴル，ウズベキスタン，アフガニスタン，ネパール，ブータン

島国……日本，インドネシア，シンガポール，フィリピン，モルディブ，スリランカ

資料活用 p.5　写真の舞台の国

「ハリー・ポッター」（イギリス），サンタクロース（フィンランド），「ハイジ」（スイス）

やってみよう p.6

1　**ザンベジ川の流れ**（右図参照）

ザンベジ川は，ザンビアとジンバブエの国境となっている。

2　**直線で引かれている国境**（右図参照）

例　リビア—エジプト，エジプト—スーダン

ザンベジ川

確認しよう p.7　特色別に見た国々とその位置

- **国名**…エクアドル，チリ，コロンビアなど
- **プロスポーツ**…イタリア（サッカー），イギリス（ラグビー），アメリカ合衆国（野球）など
- **国旗**…キリバス，パラオ，ニュージーランドなど

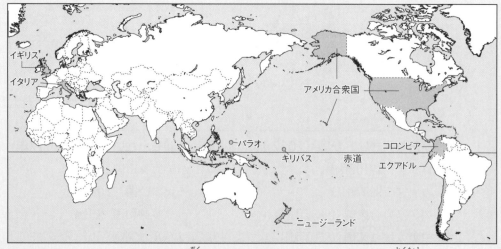

説明しよう p.7　選んだ三つの国が属する州，面積，人口，国境などの特徴

例	国名	州	面積(2017)	人口(2017)	特徴
	インド	アジア州	329万km²	約14億人	人口が特に多くヒマラヤ山脈が中国との国境
	ドイツ	ヨーロッパ州	36万km²	約8千万人	ライン川がフランス，スイスとの国境
	ペルー	南アメリカ州	128万km²	約3千万人	南北に細長く，チチカカ湖がボリビアとの国境

CHECK!
確認したら ✓ を書こう

③ 緯度と経度

ポイント
地球上の位置は緯度と経度で表す。緯度は赤道を0度とし，南北それぞれ90度に分け，北を北緯，南を南緯という。経度は本初子午線を0度とし，東西それぞれ180度に分け，東を東経，西を西経という。

教科書ナビ

● 8ページ 1行め
国や（…）**緯度と経度**です。

● 8ページ 4行め
赤道を0度としてみると，（…）。

● 8ページ 6行め
同じ緯度（…）**緯線**（…）。

● 8ページ 10行め
（…）経度0度の線（**本初子午線**）として，（…）。

● 8ページ 11行め
同じ（…）経線（…）。

徹底解説

🔍 **〔緯度〕**
地球の中心から地表を見たときに，地球を南北に分ける角度のこと。赤道を0度として，北極点と南極点までそれぞれ90度に分かれ，赤道より北側を北緯，南側を南緯と表す。

🔍 **〔経度〕**
地球の中心から地表を見たときに，地球を東西に分ける角度のこと。北極点からイギリスのロンドンを通って南極点までを結ぶ線を経度0度として，東西それぞれ180度に分かれ，経度0度の線より東側を東経，西側を西経と表す。

🔍 **〔赤道〕**
緯度0度の線のこと。北極点と南極点からの距離が等しい。

🔍 **〔緯線〕**
同じ緯度を結んだ線のこと。

🔍 **〔本初子午線〕**
経度0度の線（北極点からイギリスのロンドンを通って南極点までを結ぶ線）のこと。

🔍 **〔経線〕**
同じ経度を結んだ線のこと。

技能をみがく

やってみよう p.9 都市名とさくいんの記号

- ベルン…………45G 6　（45ページのG列と6の行が交わる範囲にある）
- ブリュッセル…45F 5 S　（45ページのF列と5の行が交わる範囲の南部分にある）

技能を**みがく**

やってみよう p.9 　地図帳で緯度・経度を調べる

● アデレード：（およそ南緯34度）（およそ東経138度）

● ケアンズ：（およそ南緯16度）（およそ東経145度）

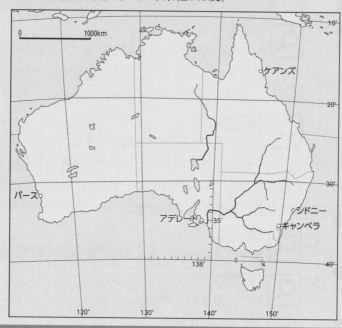

教科書の**答え**をズバリ!

確認しよう p.9 　0度の緯線と経線の名称

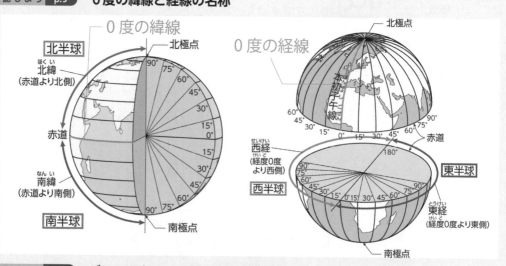

説明しよう p.9 　バンコクとニューヨークの位置

● バンコク…およそ北緯13度，東経100度の位置にある。

● ニューヨーク…およそ北緯41度，西経74度の位置にある。

④ 地球儀と世界地図の違い

ポイント

地球儀は距離，面積，形，方位などを正しく表している模型。世界地図では世界全体は見渡せるが面積，距離，方位などを一度に正しく表すことはできない。目的に応じて，必要な地図を選ぶ必要がある。

教科書ナビ

◯10ページ 1行め
　地球儀は，地球を小さくした模型で，（…）。

◯10ページ 7行め
　（…）作られたものが，世界地図です。

徹底解説

🔍 **【地球儀】**
地球を小さくした模型。地球儀上では，距離や面積，形，方位などが正しく表されている。

🔍 **【世界地図】**
まるい地球を平らにして世界全体を一度に見ることができるように作られたもの。球体を平面にしたため，地球儀のように距離や面積，形，方位などを一度に正しく示すことができない。そこで，使う目的に応じて面積が正しい地図，方位や距離が正しい地図など，いろいろな種類の地図が作られている。

教科書の 答え をズバリ！

確認しよう p.10　地球儀上で東京からブエノスアイレスを見た場合の方位

　地球儀では，ほぼ真東にある。地図を見ると，同様に東にあることがわかる。この地図は，中心からほかの地点への距離と方位が正しい。

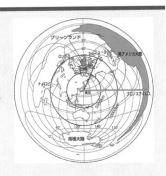

説明しよう p.10　地球儀と世界地図の長所と短所

	長所	短所
地球儀	距離，面積，形，方位などが正しい。地球上のある地点の距離や方位を調べたりするときに便利。	持ち運びに不便。世界全体が一度に見られない。
世界地図	持ち運べる。世界全体が一度に見られる。	距離，面積，形，方位などが一度に正しく表せない。

やってみよう p.11

1　南アメリカ大陸とグリーンランドの面積の違い

　例　図7のグリーンランドは南アメリカ大陸の10分の1ほどの広さになっている。図5ではグリーンランドが大きく，図8では南アメリカ大陸が大きい。

2　グリーンランドの形

　例　地球儀はグリーンランドの形は正しく表されているが，図5は赤道から離れ，緯度が高いほど，実際の面積より大きく表示される。（次ページ図参照）

3 東京〜ロンドン間，東京〜ナイロビ間の距離と東京から真東，真西に向かった場合に通る国

例 東京〜ロンドン間の距離は約10000km，東京〜ナイロビ間の距離は約12000km。

東京から真東に向かうと，南アメリカ大陸のチリやアルゼンチンを通る。東京から真西に向かうと，中華人民共和国，インドやケニアを通る。

技能をみがく

・地球儀での距離と方位の調べ方　p.11

[距離の調べ方]

① 北極点と南極点の間に紙テープを貼る。　② このテープを4回折って16等分する。

③ 距離を調べたい2点間にこのテープを当て，目盛りを読み取る。北極点と南極点の間は約20000kmなので，1目盛りは約1250kmとなる。

[方位の調べ方]

①紙テープを直角に貼り合わせる。

②方位を調べたい地点（基点）に紙テープの交わったところを合わせる。

③縦のテープを経線に合わせると，横のテープの右側は基点から東，左は西の方位を示す。

・世界の略地図の描き方　p.12

1 ⑦ 描き始める。　④ 経度180度を越えてから曲げる。　⑦ 三つの大きな半島を描く。　① ヨーロッパは経度0度の線から少し西へ突き出ている。　⑦ 赤道の手前で東に曲げて，経度0度を越えたら南に曲げる。　④ 北アメリカ大陸はユーラシア大陸の近くから描き始める。　⑦ 南アメリカ大陸のでっぱりは，赤道の南側にくる。　㋙オーストラリア大陸は赤道にも経度180度の経線にもぶつからない。　㋚ 日本はオーストラリアの真北辺りになる。

2．省略

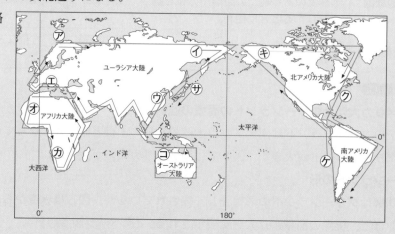

章の学習を振り返ろう

CHECK! 😊
確認したら✓を書こう

世界の姿

1 学んだことを確かめよう

1 図1のA～Iにあてはまる大陸名，海洋名

A…北アメリカ　　B…南アメリカ　　C…ユーラシア　　D…アフリカ

E…オーストラリア　F…南極　　　　G…太平　　　　　H…大西

I…インド

2 ⓐ～ⓕの州名

ⓐ…北アメリカ　　ⓑ…南アメリカ　　ⓒ…ヨーロッパ　　ⓓ…アジア

ⓔ…アフリカ　　　ⓕ…オセアニア

3 ⓐ～ⓕの州にある国の国名と首都名

ⓐ例　アメリカ合衆国・ワシントンD.C.　　ⓑ例　ブラジル・ブラジリア

ⓒ例　ドイツ・ベルリン　　　　　　　　　ⓓ例　中華人民共和国・北京

ⓔ例　エジプト・カイロ　　　　　　　　　ⓕ例　オーストラリア・キャンベラ

4 島国を三つ，また，ⓑ～ⓔの州にある内陸国を一つずつ

島国　例　インドネシア・ニュージーランド・マダガスカル

内陸国　ⓑ例　ボリビア　ⓒ例　スイス　ⓓ例　モンゴル　ⓔ例　エチオピア

5 本初子午線，赤道，東経120度，南緯40度にあてはまる緯線・経線の番号

本初子午線…⑦　　赤道…③　　東経120度…⑨　　南緯40度…④

6 世界地図の特徴

ア，ウ　　※イとエは地球儀の特徴である。

2 「地理的な見方・考え方」を働かせて説明しよう

1 北半球と南半球にまたがる大陸

アフリカ大陸，南アメリカ大陸

2 インド洋の位置についての説明

例　アフリカ大陸の東，ユーラシア大陸の南に位置している。

3 アジア州の位置についての説明

例　ユーラシア大陸の東側で，ヨーロッパ州の東，インド洋の北に位置している。

4 大陸や海洋，州や国の位置に関する設問と解答

例　(設問)北アメリカ大陸の位置について，「太平洋」，「大西洋」，「南アメリカ大陸」の語句と方位を使って説明しよう。

(解答)太平洋の東，大西洋の西，南アメリカ大陸の北に位置している。

確認したら✓を書

一問一答ポイントチェック

答え

第1章

p. 2〜

世界の姿

❶陸地と海洋の面積の割合はおよそ何対何か？

❷地球上にはいくつの大陸があるか？

❸一番広い大陸は何大陸か？

❹地球上にはいくつの大洋があるか？

❺一番広い大洋の名称は何か？

❻世界を6州に分ける場合，イギリスは何州に属するか？

❼世界を6州に分ける場合，オーストラリアは何州に属するか？

❽ウラル山脈を境にして，ユーラシア大陸の東側は何州か？

❾日本はアジア州の中ではどこに区分されるか？

❿世界にはおよそいくつの国があるか？

⓫国全体が大陸から離れ，海で囲まれている国を何というか？

⓬周りはすべて，ほかの国と陸続きでつながる国を何というか？

⓭世界一面積が大きい国はどこか？

⓮世界一面積が小さい国はどこか？

⓯国と国の境を何というか？

⓰「赤道」という意味の国名をもつ南アメリカの国はどこか？

⓱オセアニア州の国で，国旗にユニオンジャックが描かれている国を一つ挙げよ。

⓲地球の中心から地表を見たとき，地球を南北に分ける角度を何というか？

⓳地球の中心から地表を見たとき，地球を東西に分ける角度を何というか？

⓴緯度0度の線を何というか？

㉑緯度0度の線をはさんで地球の北側と南側の緯度を，それぞれ何というか？

㉒経度0度の線を何というか？

㉓経度0度の線をはさんで地球の東側と西側の経度を，それぞれ何と表すか？

㉔地球を小さくした模型で，距離や面積，形，方位などを正しく表しているものを何というか？

㉕地球上のある地点から見た，他の地点の方向を何というか？

㉖東西南北の4つで表す方位を何というか？

㉗東西南北とそれぞれの中間を加えた8つで表す方位を何というか？

❶3対7

❷六つ

❸ユーラシア大陸

❹三つ

❺太平洋

❻ヨーロッパ州

❼オセアニア州

❽アジア州

❾東アジア

❿約190か国

⓫島国

⓬内陸国

⓭ロシア

⓮バチカン市国

⓯国境

⓰エクアドル

⓱オーストラリア

⓲緯度

⓳経度

⓴赤道

㉑北緯・南緯

㉒本初子午線

㉓東経・西経

㉔地球儀

㉕方位

㉖4方位

㉗8方位

① 世界の中での日本の位置

ポイント
世界の中での日本の位置を表すには，緯度・経度や，周りの大陸や国との位置関係で表す方法がある。緯度・経度上とは異なり，周りのどこから日本を見るかで表現が変わってくる。

教科書ナビ

◯14ページ 1行め
（…）第1部第1章で 学習した**緯度・経度**や（…）。

徹底解説

🔍【緯度】
地球上を南北に分ける角度のこと。赤道を0度とし，北極点と南極点までをそれぞれ90度に分けて，赤道より北側を北緯，南側を南緯と表す。日本の位置はおよそ北緯20度から北緯50度の間である。

🔍【経度】
地球を東西に分ける角度のこと。北極点からイギリスのロンドンを通り南極点まで結ぶ線（本初子午線）を経度0度とし，東西それぞれを180度に分けて，経度0度の線より東側を東経，西側を西経と表す。日本の位置はおよそ東経120度から東経155度の間である。

第1部 第1章

教科書の 答え をズバリ!

資料活用 p.15 隣国から見た日本の方向

- 韓国や北朝鮮，中国から見ると，日本は日本海を挟んで東にある隣国。
- ロシアの東部から見ると，日本はオホーツク海や日本海を挟んで南に位置する国。
- フィリピンから見ると，日本は東シナ海や太平洋を挟んで北に位置する国。

確認しよう p.15 日本と同じくらいの緯度・経度にある国

同じ緯度の範囲の国

- アメリカ合衆国
- 韓国　●中国
- インド　●イラン
- サウジアラビア
- ギリシャ
- トルコ
- イタリア
- フランスなど

地球の反対側に日本を移した位置

同じ経度の範囲の国

- オーストラリア，フィリピン，韓国，北朝鮮，ロシアなど

説明しよう p.15 行ってみたい国から見た日本の位置

例　アメリカ合衆国から見ると，日本は太平洋を挟んで西に位置している。

例　イギリスから見ると，日本はユーラシア大陸を挟んで北東に位置している。

例　オーストラリアから見ると，日本は太平洋を挟んで北に位置している。

第1部 第2章 日本の姿

CHECK!
確認したら✓を書

② 時差でとらえる日本の位置

> **ポイント**
> 世界各国は，標準時子午線の真上に太陽が位置したときを正午とした時刻を，その国の標準時としている。国によって標準時が異なるため時差が生まれる。日本の標準時子午線は東経135度の経線である。

教科書ナビ

◉16ページ 7行め
世界の国々は，それぞれ基準になる経線（標準時子午線）を決めて（…）。

◉16ページ 8行め
（…）それに合わせた時刻を標準時として使っています。

◉16ページ 11行め
二つの地域の標準時の差を時差とよびます。

◉17ページ
同じ標準時を使う地域のことを等時帯といいます。

◉17ページ 5行め
太平洋上には，日付変更線がほぼ180度の経線に沿って設けられ（…）。

徹底解説

🔍 **〔標準時子午線〕**
世界の国々それぞれの時刻の基準になる経線のこと。各国は，この経線上の太陽が通る時刻を正午としてその国の標準時としている。日本の標準時子午線は，兵庫県明石市を通る東経135度の経線。

🔍 **〔標準時〕**
世界の国々がそれぞれの国の標準時子午線に合わせて決めた時刻。世界の基準は，ロンドンの旧グリニッジ天文台を通る本初子午線による時刻で，世界標準時（グリニッジ標準時，GMT）とよばれる。また，国土が東西に長いロシアやアメリカ合衆国などの国では，標準時を一つだけにすると問題が起こるので，複数の標準時がある。

🔍 **〔時差〕**
二つの地域の標準時の差のこと。地球は24時間で1回転（＝360度）しているので，1時間あたりでは15度（360度÷24時間＝15度）回転していることになり，経度15度ごとに1時間の時差が生じる。二つの地域の地球上での経度の差が大きいほど，時差は大きい。
時差は，経度の差÷15で求められる。

🔍 **〔等時帯〕**
同じ標準時を使用する地域のこと。アメリカ合衆国はアラスカとハワイを除いて4つ，ロシアには11の等時帯がある。

🔍 **〔日付変更線〕**
経度180度の経線にほぼ沿って決められた境界線で，この線を西から東に越えるときは日付を1日戻し，東から西へ越えるときは日付を1日進める。日付変更線はほぼ太平洋上にあり，陸地にかかる部分は，人々の生活に影響がないように，180度の経線から海上にずらされている。

教科書の答えをズバリ!

確認しよう p.17 韓国との時差 図6を見ると，韓国は日本と同じ等時帯に入っている。よって，日本では韓国との時差はない。

説明しよう p.17 複数の標準時をもつ国がある理由
例 ロシアやアメリカ合衆国など東西に長い国では日の出・日の入りの時刻が東と西で大きく異なり，標準時を一つに決めると日常生活に支障が出るため。

技能を**みがく**

やってみよう　p.17

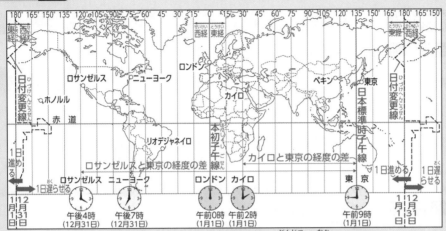

1　東京，ロンドン，ロサンゼルスの中で，最も早く元日を迎える都市

東京

〈考え方〉日付変更線をまたがないようにして位置関係を見たとき，より東にあるほうが日付や時間が早く，より西にあるほうが日付や時間が遅い。最も東にある東京が，ロンドン，ロサンゼルスよりも早く元日を迎える。

2　東京が1月1日の午前9時のときのニューヨークの日時

12月31日の午後7時

〈考え方〉

● ニューヨークの経度は西経75度。東京の経度は東経135度。

　東京とニューヨークの経度差は135（度）＋75（度）＝210（度）

● 15度で1時間の時差だから，210（度）÷15（度）で二つの都市には14時間の差がある。

　ニューヨークは東京より西にあるので，14時間遅いことになる。

3　複数の等時帯をもつ国

アメリカ合衆国，ロシア，オーストラリア，カナダ，インドネシア，メキシコ，モンゴルなどから三カ国

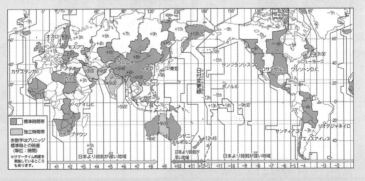

4　オーストラリアの東の端と西の端の時差

2時間

〈考え方〉オーストラリアは，最も東の等時帯では＋8時間，最も西の等時帯では＋10時間であるから，国内時差は2時間となる。

❸ 日本の領域とその特色

確認したら ✓ を書こう

ポイント 一国の主権が及ぶ範囲である領域は，領土，領海，領空の三要素からなる。日本は島国で領海と排他的経済水域の面積が国土の10倍以上と広い。北方領土，竹島，尖閣諸島の領有をめぐって隣国との間に課題がある。

教科書ナビ

◎18ページ 1行め
一つの国の主権が及ぶ範囲を**領域**といいます。

◎18ページ 1行め
領域は，陸地である**領土**，（…）。

◎18ページ 2行め
（…）領土から一定の範囲である**領海**，（…）。

◎18ページ 3行め
（…）領土と領海の上空である**領空**（…）。

◎19ページ 2行め
（…）鉱産資源を利用する権利をもつ**排他的経済水域**があります。

徹底解説

🔍 **【領域】**
一つの国の範囲のこと。その国の主権が及ぶ範囲で，国土ともいう。領域は，陸地である領土，領土から一定の範囲である領海，領土と領海の上空である領空の三つの要素からなっている。

🔍 **【領土】**
領域のうちの陸地の部分のこと。領土が海に接している場合は領土の外側に領海があるが，領土がほかの国の領土と陸地で接している場合は，その境目が国境となる。島国では，国境は海上にある。

🔍 **【領海】**
領土に接した一定の範囲の海で，国の領域に含まれる。日本の領海は，領土の海岸線から12海里（約22.2km）の範囲と決められている。領海の外側には，海岸線から24海里までの範囲の接続水域と，海岸線から200海里以内の範囲の排他的経済水域がある。

🔍 **【領空】**
領土と領海の上空のことで，国の領域に含まれる。領空の範囲は大気圏内で，大気圏外は宇宙空間として，どこの国の主権も及ばないとされている。

🔍 **【排他的経済水域】**
領海の外側で，沿岸国が魚などの水産資源や海底の鉱産資源を利用する権利をもつ海域のこと。その範囲は，国連海洋法条約によって，領土の海岸線から200海里（約370km）以内と定められている。領海ではないので，すべての国の船や航空機は自由に通行することができ，海底ケーブルやパイプラインの敷設も認められている。

教科書の \答え/ をズバリ!

やってみよう p.18　日本の東西南北の端

1，2　①日本の北端…択捉島（北海道）　②日本の東端…南鳥島（東京都）
　　　③日本の南端…沖ノ鳥島（東京都）　④日本の西端…与那国島（沖縄県）

◎19ページ 7行め
（…）海岸線から24海里までの範囲の**接続水域**では（…）。

🔍【接続水域】
領海の外側で，海岸線から24海里までの範囲を接続水域という。沿岸国が一定の権限をもつことができる海域で，沿岸国は密輸や密入国などの取り締まりにあたっている。

◎20ページ 2行め
（…）**国際法**に基づいて定められてきました。

🔍【国際法】
各国が守るべき国と国との関係を定めた法で，**条約**のほか，**慣習**や**合意**も含まれる。

◎20ページ 6行め
北海道の（…）**北方領土**とよばれ（…）。

🔍【北方領土】
北海道の北東部にある**歯舞群島**，**色丹島**，**国後島**，**択捉島**のこと。日本固有の領土だが，1945年に一方的に侵攻してきた**ソビエト連邦**に占領され，現在は**ロシア**が不法占拠した状態となっている。日本は返還に向けて**ロシア**と平和条約を結ぶため，交渉を続けている。

◎20ページ 17行め
日本海にある**竹島**は（…）。

🔍【竹島】
日本海にある島で，**島根県**に属しているが，1952年に**韓国**は海洋への権利を唱え，一方的に公海の上に境界線を引き，海洋警察隊や灯台を置いて占拠している。日本は，日本固有の領土として抗議し，国際司法裁判所での話し合いを求めているが，韓国は応じていない。

竹島
（日本と韓国の間で領有権問題）

尖閣諸島
（日本と中国の間で領有権問題）

0　500km

◎21ページ 7行め
東シナ海にある**尖閣諸島**は（…）。

🔍【尖閣諸島】
東シナ海にある島で，**沖縄県**に属する日本固有の領土。1960年代に**石油**資源が周辺の海底に埋蔵する可能性が注目され，1970年代に入ると，**中国**などが領有権を主張しはじめた。日本は平穏に維持，管理する目的で，2012年に大半を国有地化した。

教科書の\答え/をズバリ！

資料活用 p.19　排他的経済水域の面積が国土面積よりも広い国

日本やインドネシア，ニュージーランドのような海に囲まれている島国

確認しよう p.21　領域を構成する三つの要素

領土，領海，領空

説明しよう p.21　日本の領域の特色

例　日本は島国で周りを海に囲まれているため，広い領海をもち，その外側の排他的経済水域の面積も国土面積の10倍以上と広い。

④ 都道府県と県庁所在地

ポイント 都道府県は地方政治の基本単位である。47都道府県（1都1道2府43県）の中心都市は都道府県庁所在地とよばれ，都道府県庁のほか議会や裁判所など政治・経済の中心的機関が置かれている。

教科書ナビ

●22ページ 1行め
都道府県とは，地方の政治を行うための基本単位のことです。

●22ページ 3行め
（…）明治政府がそれまでの藩を廃止して，「府」と「県」を置いた（…）。

●22ページ 7行め
（…）「都」に変更されました。（…）「道」は「大きな行政の単位」を意味しており，（…）。

●23ページ 1行め
都道府県庁が置かれている都市を県庁所在地といいます。

徹 底 解 説

🔍 **【都道府県】**
地方の政治を行うための基本単位。都道府県のしくみは，1871年に明治政府が行った廃藩置県により始まり，それまであった「藩」が廃止されて「府」，「県」が置かれた。現在は，1都1道2府43県の47都道府県がある。

🔍 **【府】**
京都府，大阪府を指す。「府」は「みやこ」を意味する。廃藩置県により，江戸時代から重要な都市であった東京，京都，大阪は府となり，その他の藩は県となった。

🔍 **【県】**
東京都，北海道，京都府，大阪府を除き43県ある。

🔍 **【都】**
東京都を指す。東京は，廃藩置県により，京都，大阪と並んで府となったが，日本の首都であることから，1943年に東京府から東京都と変更された。「都」は「首都」を意味する。

🔍 **【道】**
北海道を指す。「道」は「大きな行政の単位」を意味しており，面積の大きな北海道にだけ用いられている。

🔍 **【県庁所在地】**
各都道府県の政治の中心となる都市。多くは江戸時代以前から栄えた都市。

教科書の 答え をズバリ！

やってみよう p.22

1　①北海道　②青森県　③岩手県　④宮城県　⑤秋田県　⑥山形県　⑦福島県　⑧茨城県　⑨栃木県　⑩群馬県　⑪埼玉県　⑫千葉県　⑬東京都　⑭神奈川県　⑮新潟県　⑯富山県　⑰石川県　⑱福井県　⑲山梨県　⑳長野県　㉑岐阜県　㉒静岡県　㉓愛知県　㉔三重県　㉕滋賀県　㉖京都府　㉗大阪府　㉘兵庫県　㉙奈良県　㉚和歌山県　㉛鳥取県　㉜島根県　㉝岡山県　㉞広島県　㉟山口県　㊱徳島県　㊲香川県　㊳愛媛県　㊴高知県　㊵福岡県　㊶佐賀県　㊷長崎県　㊸熊本県　㊹大分県　㊺宮崎県　㊻鹿児島県　㊼沖縄県

2 ①札幌市 ②青森市 ③盛岡市 ④仙台市 ⑤秋田市 ⑥山形市 ⑦福島市 ⑧水戸市 ⑨宇都宮市 ⑩前橋市 ⑪さいたま市 ⑫千葉市 ⑬東京 ⑭横浜市 ⑮新潟市 ⑯富山市 ⑰金沢市 ⑱福井市 ⑲甲府市 ⑳長野市 ㉑岐阜市 ㉒静岡市 ㉓名古屋市 ㉔津市 ㉕大津市 ㉖京都市 ㉗大阪市 ㉘神戸市 ㉙奈良市 ㉚和歌山市 ㉛鳥取市 ㉜松江市 ㉝岡山市 ㉞広島市 ㉟山口市 ㊱徳島市 ㊲高松市 ㊳松山市 ㊴高知市 ㊵福岡市 ㊶佐賀市 ㊷長崎市 ㊸熊本市 ㊹大分市 ㊺宮崎市 ㊻鹿児島市 ㊼那覇市

○都道府県名と都道府県庁所在地名が異なる都道府県

「都」，「道」，「府」が付く都道府県名

東京都，北海道，京都府，大阪府

都道府県庁所在地はどのような所に置かれるのか

例 都道府県庁所在地は，江戸時代以前から城下町や港町などとして地域の政治・経済の中心地として栄えてきた場所。

技能をみがく

・**日本の略地図の描き方** p.24

[ポイント]・東経135度の経線と北緯35度の緯線は兵庫県で交わる。

・東北地方の太平洋側と日本海側，中部地方と近畿地方，中国・四国地方の太平洋側と日本海側をそれぞれ平行に描くとバランスがとれる。

・九州は四国よりも大きく，北海道は九州よりも大きく描く。

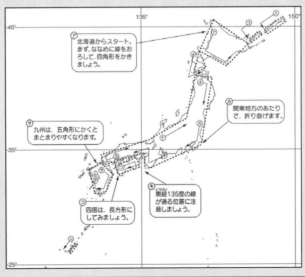

北海道からスタート。まず，ななめに線をおろして，四角形をかきましょう。

関東地方のあたりで，折り曲げます。

九州は，五角形にかくとまとまりやすくなります。

東経135度の線が通る位置に注意しましょう。

四国は，長方形にしてみましょう。

日本の姿

❶ 学んだことを確かめよう

1　日本の位置と時差についての説明

A…20　　　　B…120　　　　C…極東　　　　D…135　　　　E…9

2　東海道新幹線（東京〜新大阪間）が通る都道府県名

東京都，神奈川県，静岡県，愛知県，岐阜県，滋賀県，京都府，大阪府

❷ 「地理的な見方・考え方」を働かせて説明しよう

1　日本の領域の特色の説明

例　日本の国土について，本州，北海道，四国，九州の四島だけを見ると東京から半径約1000km以内に収まるが，日本には多くの島があるため，**排他的経済水域**は東京から半径約2000km先まで広がる。面積でみると，日本の**国土面積**は約38万㎢であるが，**排他的経済水域**は約447万㎢と**国土面積**の10倍以上もあり，日本は**国土面積**の割に**排他的経済水域**が広い。

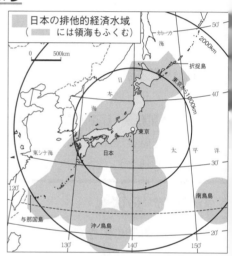

2　択捉島と沖ノ鳥島の説明

例　択捉島……**北方領土**にある島の一つで，日本の最も**北**の端に位置している。

　　　沖ノ鳥島…日本の**最南**端にある島で，波の侵食により水没する危険性があった。地下資源が豊富にあると予測される，この島周辺の**排他的経済水域**を守るため，この島には護岸工事が施されている。

一問一答 ポイントチェック

答え

第2章
p.14〜

日本の姿

❶日本の南北の範囲は緯度で表すとおよそ何度から何度の間になるか？

❷日本の東西の範囲は経度で表すとおよそ何度から何度の間になるか？

❸国が基準になる経線を決めて，それに合わせた時刻を何というか？

❹❸を決める基準となる経線を何というか？

❺日本の❹は経度何度の線か？

❻❺の経線が通っている県・都市はどこか？

❼二つの地域の標準時の差を何というか？

❽二つの地域の経度が何度違うと標準時に1時間の差が生じるか？

❾ほぼ180度の経線に沿って設けられ，日付を調節する役割をしている線を何というか？

❿❾の線を東から西へ越えるときは日付をどのように調節するか？

⓫東京とロンドンの時差は何時間か？

⓬同じ標準時を使う地域のことを何というか？

⓭領域を構成する三つの要素は何か？

⓮日本の領域の東端はどこか？

⓯日本の領域の西端はどこか？

⓰日本の国土面積は約何㎢か？

⓱沿岸の国が水産資源や海底の鉱産資源を利用する権利をもつ海域を何というか？

⓲国連海洋法条約で決められている⓱の範囲は，沿岸の国の海岸から何海里以内か？

⓳領海の外側で，海岸から24海里までの範囲を何というか？

⓴歯舞群島・色丹島・国後島・択捉島をまとめて何とよぶか？

㉑島根県に属しているが，韓国が不法占拠している日本海にある島はどこか？

㉒沖縄県に属している日本固有の領土で，中国などが領有権を主張している東シナ海にある島々はどこか？

㉓都道府県の中で都道府県庁が置かれている都市を何というか？

---

❶北緯20度から50度の間

❷東経120度から155度の間

❸標準時

❹標準時子午線

❺東経135度

❻兵庫県明石市

❼時差

❽15度

❾日付変更線

❿1日進める

⓫9時間

⓬等時帯

⓭領土・領海・領空

⓮南鳥島

⓯与那国島

⓰約38万㎢

⓱排他的経済水域

⓲200海里

⓳接続水域

⓴北方領土

㉑竹島

㉒尖閣諸島

㉓都道府県庁所在地

第2部 第1章 人々の生活と環境

CHECK! ◦◦

確認したら✓を書こ

① 世界のさまざまな生活と環境

ポイント 世界の気候は，熱帯〔熱帯雨林気候・サバナ気候〕，乾燥帯〔砂漠気候・ステップ気候〕，温帯〔温暖湿潤気候・西岸海洋性気候・地中海性気候〕，亜寒帯〔冷帯〕，寒帯〔ツンドラ気候・氷雪気候〕に分類できる。

教科書ナビ

◉28ページ 3行め
熱帯は，赤道を中心に広がっていて，一年中暑くて四季の変化がなく，（…）。

◉28ページ 6行め
乾燥帯は，雨がとても少ない地域で，（…）。

◉29ページ 1行め
温帯は，四季の変化がはっきりしていて，（…）。

◉29ページ 7行め
亜寒帯（冷帯）は，短い夏と寒さの厳しい冬があり，（…）。

◉29ページ 9行め
寒帯は，一年中寒さが厳しく，樹木が育たない地域で，（…）。

徹底解説

🔍 **〔熱帯〕**
四季の変化がなく，一年中暑い地域。赤道を中心に広がっていて，降水量が多い。
・熱帯雨林気候…雨が一年中多い。（マレーシア，シンガポールなど）
・サバナ気候…雨が多い雨季と雨が少ない乾季とにはっきり分かれている。（アフリカのウガンダ，タイのバンコクなど）

🔍 **〔乾燥帯〕**
降水量がとても少ない地域。
・砂漠気候…雨がほとんど降らず，砂や岩の砂漠が広がっている。（アフリカのサハラ砂漠など）
・ステップ気候…少しだけ雨が降る。草原が広がっていて，遊牧などの牧畜が行われる。（モンゴルなど）

🔍 **〔温帯〕**
春夏秋冬の四季の変化がはっきりしている地域。
・温暖湿潤気候…冬と夏の気温の差が大きく，1年を通して降水量が多い。（日本など）
・西岸海洋性気候…偏西風や暖流の影響で1年を通して降水量の差が小さい。（ヨーロッパ大西洋岸など）
・地中海性気候…冬は雨が多く，夏は雨が極端に少なく乾燥する。（地中海沿岸など）

🔍 **〔亜寒帯〕（冷帯）**
夏が短く，冬は寒さが厳しい地域。夏と冬の気温の差が大きく，針葉樹の森が広がる。（ロシア，カナダなど）

🔍 **〔寒帯〕**
一年中寒さが厳しく，樹木が育たない地域。
・ツンドラ気候…夏の間だけ地表の氷がとけて，わずかにこけ類が生える。（アメリカ合衆国のアラスカ州など）
・氷雪気候…一年中氷と雪に覆われている。（南極大陸など）

技能をみがく

ア 例 屋台では，凍ったままの魚が屋外で立てかけられた状態で売られている。

イ 例 買い物客は，毛皮のコートと防寒帽を身につけている。

↓

例 地面も雪が凍りついているようで，屋外で凍ったままの魚が売られていたり，人々が毛皮を身につけていたりすることから，寒さの厳しい地域であると考えられる。

・雨温図の読み取り方 p.29

気温は，折れ線グラフと左の目盛りを見る。東京では6〜9月は20℃以上で8月が最も高く，12〜2月は10℃以下だが，1年を通じて0℃以下にはならない。降水量は，棒グラフと右の目盛りを見る。東京では，6〜10月の夏から秋にかけては150〜200mmと多く，12〜2月の冬は50mmぐらいで少ない。

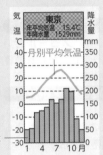

教科書の答えをズバリ！

熱帯雨林気候…一年中気温が高く，雨も多い。

砂漠気候…1年を通してほとんど雨が降らない。

温暖湿潤気候…夏と冬の気温の差が大きい。1年を通して降水量が多い。

熱帯…例 気温は1年を通して30度近くで，変化は小さい。

熱帯雨林気候の降水量は，年間2000mmぐらいで多い。

サバナ気候では，降水量は年間1600mmぐらいと多く，雨季には350mmに達する月もあるが，乾季には月50mm以下になる。

乾燥帯…例 砂漠気候では，降水量は年間35mmぐらいと少なく，夏はほとんど雨が降らない。ステップ気候では，降水量は年間170mmぐらいと少なく，夏に少しだけ雨が降る。

温帯…例 年間平均気温は11℃〜16℃ぐらいである。

温暖湿潤気候の降水量は年間1500mmと多い。

西岸海洋性気候の年降水量は600〜700mmで，月降水量は約50mmで一定している。

地中海性気候の年降水量は600〜700mmだが，夏には50mm以下の月もあって乾燥している。

亜寒帯（冷帯）…例 年平均気温は1℃以下で，年降水量は500mm以下である。夏には月平均気温20℃近くになるが，冬は月平均−10℃以下で，夏と冬の気温差が大きい。

寒帯…例 年平均気温は−10℃以下で，1年を通して寒さが厳しい。

ツンドラ気候では，夏は0℃以上になるが冬は月平均−20℃。年間降水量は約120mmと少ない。氷雪気候では，降水量は測定不可能である。

② 暑い地域の暮らし

ポイント 雨が多く，1年を通して気温が高い<u>赤道</u>付近には，熱帯の地域が広がっている。人々は，住居を高床式にして熱や湿気がこもるのを避け，風通しのよい衣服を着るなど快適に過ごす工夫をしている。

教科書ナビ

● **30ページ 1行め**
（…）1年を通して気温が高い**熱帯**の地域（…）。

● **30ページ 5行め**
（…）**スコール**という一時的な強い風を伴う大粒の雨（…）。

● **20ページ 8行め**
インドネシアには，緑の葉が一年中茂る，**熱帯林**が広がっています。

徹底解説

🔍 **〔熱帯〕**
1年を通して平均気温が高く，四季の変化がなく降水量が多いインドネシアのような<u>熱帯雨林</u>気候では，一年中雨が多い。

🔍 **〔スコール〕**
熱帯雨林気候の地域で，ほぼ毎日，午後になると定期的に降る大粒の雨。一時的な強い風を伴う。

🔍 **〔熱帯林〕**
熱帯の地域に広がる森林で，緑の葉が一年中茂っている。

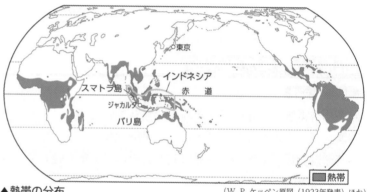

▲熱帯の分布

（W. P. ケッペン原図（1923年発表），ほか）

教科書の 答え をズバリ！

資料活用 p.31 インドネシアの伝統的衣服

例 襟や袖のないシャツに，布を巻いたような丈の長いスカート，素足にサンダルを履いている。

確認しよう p.31 インドネシアの人々の住居・衣服・食事の特色

例 **住居**…湿気のこもりにくい 高床の住居で，木や草が素材。

衣服…風通しのよさそうな素材やつくり。

食事…米が主食で野菜，魚，いも類をおかずとし，香辛料も使う。

説明しよう p.31 ジャカルタの雨温図やインドネシアの人々の衣食住から見る暑い地域の暮らし

例 雨温図を見ると，ジャカルタは1年を通して高温多湿であることが分かる。そのためインドネシアの人々は，住居を高床式にしたり，風通しのよい素材やつくりの衣服を着たりして暑さや湿気をしのぐ工夫をしている。熱帯林から得られる素材で住居を造り，熱帯で育ちやすい作物を食べて暮らしてきたが，近年は観光地開発や農地拡大によって熱帯林は減少しており，伝統的な生活を続けることは困難になってきている。

第2部 第1章 人々の生活と環境

CHECK!

確認したら✓を書こう

教科書 32〜33ページ

③ 乾燥した地域の暮らし

ポイント アラビア半島にある砂漠などの雨が少なく草木がほとんど育たない乾燥した地域に暮らす人々は, 日干しれんがで造られた家に住み, 強い日ざしや砂ぼこりから身を守るため, 袖や丈の長い衣服を着ている。

第2部 第1章

教科書ナビ

●32ページ 3行め
(…) そこには広大な**砂漠**が広がっています。

●32ページ 7行め
(…) 乾燥した地域の中でも水を得やすい場所は**オアシス**(…)。

●32ページ 11行め
(…) **かんがい**などにより栽培してきました。

●32ページ 12行め
(…) 乾燥に強いらくだや羊を飼う**遊牧**も行われ(…)。

徹底解説

🔍 **〔砂漠〕**
雨が極端に少ないため, 草木がほとんど育たず, 砂や岩石などで覆われている乾燥した広大な地域。昼と夜の気温の差が大きく, 農業には適さない。人が生活するのが難しい地域である。

🔍 **〔オアシス〕**
砂漠の中で, 地下水が湧き出たり, 井戸などを掘ったりして水が得られる限られた場所のこと。その周辺では草木が育ち, 人々が暮らしている。

🔍 **〔かんがい〕**
農作物に与えるための水を, 水路を通して, 河川や湖, ため池, 地下水などから引いて, 農地を潤すこと。

🔍 **〔遊牧〕**
牧畜の1つ。自然に生える草や水を求めて, 移動しながら家畜を飼育して生活する。

教科書の\答え/をズバリ!

資料活用 p.33 **乾燥した地域の家の屋根の様子**
屋根には傾斜がなく, 屋根の上には水をためておくタンクが設置されている。

資料活用 p.33 **乾燥した地域で暮らす人々の服のつくり**
長袖で丈の長い衣服を着ている。

確認しよう p.33 **アラビア半島の人々の住居・衣服・食事の特色**
例 日干しれんがで造られた白い住居に住み, 袖や丈が長い白い服を着ている。食事は, うす焼きパンやらくだ・羊の肉などの料理を床に座って手で食べている。

説明しよう p.33 **サラーラの雨温図やアラビア半島の人々の衣食住から見る乾燥した地域の暮らし**
例 雨温図を見ると, サラーラでは1年を通して気温が高く, ほとんど雨が降らないのが分かる。そのためアラビア半島の人々は, 熱を吸収しにくい白い家に住み, 屋根の上には水をためている。衣服も白く, 強い日ざしや砂ぼこりから身を守るために袖や丈の長いものを着ている。森林が少ないため, 住居の素材には木材ではなく日干しれんがが使われ, 料理には, 乾燥に強い小麦やらくだ, 羊の肉などの材料が使われる。近年は, 大型のショッピングセンターなどにおいて, 日本と同じように快適に買い物をする様子も見られる。

27

第2部 第1章 人々の生活と環境

CHECK! 確認したら✓を書く

④ 温暖な地域の暮らし

ポイント 一年中温暖な温帯，中でも，地中海沿岸は地中海性気候となっている。この地域の人々は，暑さをしのぐため，壁が厚くて白く窓の小さい住居に住み，乾燥に強い作物を生かした料理を食べて過ごしている。

教科書ナビ

◎34ページ 1行め
1年を通して温暖な**温帯**の地域では，（…）。

◎34ページ 6行め
（…）冬に雨が多く降る**地中海性気候**となっています。

徹底解説

🔍 **〔温帯〕**
1年を通して温暖で，四季の変化がはっきりしている。気温と雨の降り方から，温暖湿潤気候，西岸海洋性気候，地中海性気候の三つに分けられる。

🔍 **〔地中海性気候〕**
温帯のうち地中海沿岸などで見られる気候で，夏は雨が少なく乾燥し，冬には雨が多く降る。

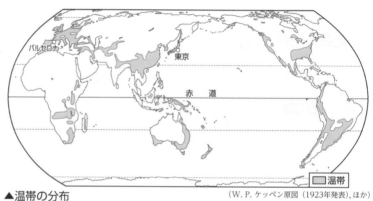

▲温帯の分布

（W. P. ケッペン原図（1923年発表），ほか）

教科書の答えをズバリ!

資料活用 p.34 地中海性気候の地域の家の様子
壁が厚く，窓の小さい家が建てられている。壁を白く塗った家も多い。

確認しよう p.35 スペインの人々の住居・衣服・食事の特色

例 スペインの人々は，壁が白く，窓によろい戸のある家に住み，夏は半袖，冬は防寒着を着て過ごしている。スペイン料理では，パエリャなどが有名で，野菜，鶏肉，魚介類などが豊富に使われている。

説明しよう p.35 バルセロナの雨温図やスペインの人々の衣食住から見る地中海性気候の暮らし

例 雨温図を見ると，バルセロナでは夏は30℃ぐらいまで気温が上がり，冬は寒い。降水量は，夏は少なく冬は多いが，年間降水量は多くない。スペインの人々は，壁を白く塗ったり窓のよろい戸を閉めたりして夏の強い日ざしをさえぎる工夫をしている。料理には，乾燥した土地でも育つオリーブ，オレンジ，ぶどうや野菜，肉類，魚介類などが豊富に使われている。スペインの強い日ざしは太陽光発電に最適であるため，広い土地に太陽光発電パネルを設置して大規模な発電を行う企業も見られる。

⑤ 寒い地域の暮らし

ポイント 亜寒帯（冷帯）や寒帯の地域は，北半球の高緯度地域に多く広がっている。シベリアの人々は，高床で二重，三重の窓が設置された住宅に住み，外出時は毛皮のコートや帽子を着て寒さから身を守っている。

教科書ナビ

◯36ページ 1行め
（…）凍ってしまうほど寒い**亜寒帯（冷帯）**や**寒帯**の地域があります。

◯36ページ 6行め
シベリアには，**永久凍土**という凍った土がひろがっていて，（…）。

徹底解説

🔍 **〔亜寒帯（冷帯）〕**
夏が短く，冬の寒さが厳しい。夏と冬の気温差が大きく，ユーラシア大陸北部のシベリアでは−30℃以下になることもある。ユーラシア大陸，北アメリカ大陸の北部にみられ，針葉樹の森が広がり，シベリアではタイガとよばれている。

🔍 **〔寒帯〕**
一年中寒さが厳しく，樹木が育たない。夏に地表の氷がとけてこけ類が生える<u>ツンドラ</u>気候と，一年中雪と氷に覆われている<u>氷雪</u>気候に分けられる。氷雪気候は，南極大陸や北極海周辺に見られる。

🔍 **〔永久凍土〕**
一年中凍った土壌で数十mから数百mの厚さがあり，短い夏の間に表面のみとける。シベリアに広く分布している。近年は，地球温暖化によって永久凍土がとけ出し，地盤沈下が引き起こされることなどが心配されている。

教科書の 答え をズバリ！

資料活用 p.36 水道管が地上に設置されている理由
例 水道管には水が凍らないよう温めた水が流されているため，地下に設置すると永久凍土がとけて道路や建物に影響をおよぼすから。

確認しよう p.37 シベリアの人々の住居・衣服・食事の特色
例 シベリアの人々は，高床で窓が二重になった住宅に住み，冬に外出するときは毛皮のコートや帽子など分厚い防寒着を着ているが，室内では冬でも半袖や薄着で過ごしている。食事は，酢漬けにした野菜やパン，乳製品が特徴的である。

説明しよう p.37 ヤクーツクの雨温図やシベリアの人々の衣食住から見る寒い地域の暮らし
例 雨温図を見ると，ヤクーツクでは，気温は夏は20℃ぐらいまで上がって比較的温かい（温暖）が，冬は−40℃近くまで下がって寒さが厳しいことが分かる。そのためシベリアの人々は，壁が厚く，二重窓や暖房システムのある住居に住み，分厚い毛皮のコートや帽子を着用して冬の厳しい寒さを防いでいる。寒さが厳しい地域では栽培できる作物が限られるため，夏の間に栽培した野菜を酢漬けにした保存食を冬に食べる暮らしをしてきたが，近年は，スーパーマーケットで，冬でも新鮮な野菜や果物を買うことができるようになったり，日本料理店などもできたりして，食文化が変化してきている。

CHECK!
確認したら✓を書。

⑥ 高地の暮らし

ポイント アンデス山脈の標高4000mの地域では，人々は高地や急斜面に合った暮らしをしている。住居は石や日干しれんがで造られ，寒さと強い紫外線を防ぐための，アルパカの毛で作った衣服や帽子がある。

教科書ナビ

○38ページ 1行め
（…），富士山のように標高が高い土地で（…）。

○38ページ 10行め
（…）リャマやアルパカなどの**放牧**をしています。

徹底解説

〔標高〕
平均海面を0mとしたときの土地の高さ。日本では東京湾の平均海面を基準としている。

〔放牧〕
牛や馬，羊などの家畜を，牧場や草原などで放し飼いにして行われる**牧畜**。アンデス山脈では，農業に不向きな標高4000m以上でリャマ，アルパカなどの放牧が行われている。

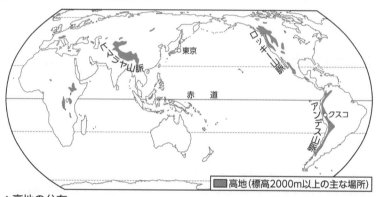

▲高地の分布

教科書の 答え をズバリ！

資料活用 p.39 ペルーの伝統的料理に使われる食材

例 鍋に入れられている穀物は，クスココーンとよばれるとうもろこし（ジャイアントコーン）である。

確認しよう p.39 アンデス山脈に暮らす人々の住居・衣服・食事の特色

例 アンデス山脈に暮らす人々は，日干しれんがで造られた住宅に住み，アルパカの毛で作った衣服を重ね着し，帽子をかぶっている。食事には，じゃがいもやとうもろこし，バナナなどがよく使われる。

説明しよう p.39 クスコの雨温図やアンデス山脈の人々の衣食住から見る高地の暮らし

例 雨温図を見ると，クスコの気温は1年を通して10℃前後と変化はあまりないが，1日の昼と夜の気温差は20～30℃と大きく，夜は0℃ぐらいに冷え込む。アンデス山脈の人々は，高地の寒さと強い紫外線を防ぐため，アルパカの毛で作った衣服を重ね着して帽子をかぶる。高地には森林がなく木材が手に入りにくいため，住宅には石や日干しれんがが使われている。近年はインターネット回線の整備により，携帯電話の使用や情報入手が容易になっている。

⑦ 世界各地の衣食住とその変化

ポイント 世界各地の住居は，その土地で手に入りやすい材料で地域の気候や生活習慣に合わせて作られる。主食はその地域で作られている農作物と関係し，衣服は地域による気候の違いを反映した素材，形で作られる。

教科書ナビ

○40ページ1行め
　住居は，その地域で手に入りやすいものが材料とされ，（…）。

○40ページ 10行め
　主食となる食べ物はその地域で作られている農作物と（…）。

○41ページ 9行め
　衣服には，暑さや寒さ，強い日ざしから身を守る役割があります。

徹底解説

🔍〔住居〕
　伝統的な住居は，その地域で手に入りやすい材料で，その地域の気候や生活習慣に合わせて作られる。たとえば木が豊富な地域では木造の住居が多くなる。モンゴルなどの遊牧民は木の骨組みに羊毛フェルトを張って組み立てる移動式の住居に住む。近年，世界各地の都市部においては，コンクリート製の家や高層の集合住宅が増えてきている。

🔍〔主食〕
　日常の食事の中心となる食べ物で，その地域で作られている農作物と深い関わりがある。日本や東南アジアでは米，ヨーロッパでは小麦，南太平洋の島々ではいも類が主食となっている。世界各地で人や物の交流が盛んになるにつれ，ほかの地域の食文化が生活に浸透し，定着することが多くなっている。

🔍〔衣服〕
　暑さ，寒さ，強い日ざしから身を守る役割があるため，それぞれの地域の気候に合わせ，さまざまな素材や形が見られる。暑い地域では風通しのよい木綿・麻素材のゆったりした衣服をまとい，寒い地域では保温性の高い毛皮のコートや帽子を身につける。

教科書の 答え をズバリ！

やってみよう p.40 気候によって異なる住居の特色

　写真1：C ，　写真2：A ，　写真3：B

やってみよう p.41 地域によって異なる食べ物の特色

　写真6：B ，　写真7：A ，　写真8：C

確認しよう p.41 木の家が多い地域は，どのような気候帯と重なるのか

　例　木の家は，亜寒帯，温帯の地域で多く見られる。

説明しよう p.41 世界各地の人々の衣食住には，どのような変化が起こっているのか

　例　住宅については，世界中の都市部を中心に，コンクリート製の家や集合住宅が増えてきている。また，世界各地での人や物の交流が盛んになることによって，食生活では，洋食やファストフードでの飲食といった他地域の食文化が浸透し，衣服については，気候に関係なくTシャツやジーンズを着るファッションが定着し，伝統的な衣服は祭りや結婚式などの特別なときにだけ着るようになってきている。

⑧ 人々の生活と宗教の関わり

ポイント 世界には，広く分布するキリスト教，イスラム教，仏教のほか，特定の民族や地域で信仰されるヒンドゥー教，ユダヤ教など多くの宗教があり，人々は生活や文化において，宗教から大きな影響を受けている。

教科書ナビ

●42ページ 9行め
キリスト教は，ヨーロッパから南北アメリカやオセアニアなどに広まり，（…）。

●43ページ 4行め
イスラム教は，聖地メッカのある西アジアを中心として，（…）。

●43ページ 9行め
仏教は，主に東南アジアから東アジアにかけて分布しています。

●43ページ 13行め
（…）ヒンドゥー教を信仰しています。（…）カーストとよばれる身分制度（…）。

徹底解説

🔍【キリスト教】
イエスにより開かれた宗教。世界に最も多くの信者がおり，クリスマス行事や西暦など，世界各地の生活や文化に影響を与えている。カトリック，プロテスタント，ギリシャ正教などの宗派に分けられる。

🔍【イスラム教】
ムハンマドが開いた宗教。西アジア，アフリカ北部から中央アジア，東南アジアまで広がる。祈りの方法，衣服，食事など日常生活について細かいきまりがある。世界中のイスラム教徒は，聖地メッカの方向に向かって，1日5回の礼拝をする。

🔍【仏教】
インドでシャカが開いた宗教。主に東南アジアから東アジアにかけて分布している。日本にも広まり，仏教にかかわりのある年中行事がある。

🔍【ヒンドゥー教・カースト】
ヒンドゥー教はインドの8割の人々が信仰する宗教で，牛は神聖な動物であるため食べない。カーストという身分制度との結び付きが強く，職業，結婚の範囲が限定されてきた。カーストによる差別は憲法で禁じられているが，現在でもなごりが根強い。

教科書の\答え/をズバリ！

確認しよう p.43 **キリスト教，イスラム教，仏教，ヒンドゥー教が信仰されている主な地域**

● **キリスト教**…ヨーロッパ，南北アメリカ，オセアニアの地域
● **イスラム教**…西アジアを中心として，アフリカ北部から中央アジア，東南アジアの地域
● **仏教**…東南アジアから東アジアにかけての地域　● **ヒンドゥー教**…インドやネパール

説明しよう p.43 **イスラム教徒，ヒンドゥー教徒の生活習慣**

● **イスラム教徒**…例　1日に5回，聖地メッカに向かって祈り，金曜日にはモスクで礼拝をする。食事については，左手は使わない，アルコールは飲まない，豚肉は食べないというきまりのほか，イスラム暦の9月には約1か月間，日中は飲食をしない断食をする。女性は肌を見せない衣服を着用している。

● **ヒンドゥー教**…例　職業や結婚の範囲を限定してきたカーストという身分制度との結び付きが強く，なごりが今でもある。牛を神聖な動物とするため牛肉は食べず，生き物を殺さないという考えから豚肉も食べない菜食主義者もいる。

人々の生活と環境

1 学んだことを確かめよう p.44

1　A…熱帯　　B…乾燥　　C…温帯　　D…亜寒帯(冷帯)　　E…寒帯

2 「地理的な見方・考え方」を働かせて説明しよう p.44

1　写真2…ウ　　写真3…ア　　写真4…オ　　写真5…エ　　写真6…イ

技能をみがく

やってみよう p.45

グラフの作り方

1　図8の折れ線グラフ

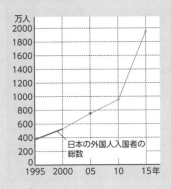

・総数の数字のみ読みとってかく。

2　⑦ 中国　　④ 韓国　　⑨ 台湾

・2015年の数値を読みとり，割合を求める。

3　図11の帯グラフ

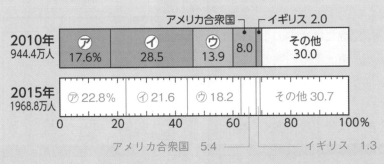

やってみよう p.46 　主題図の読み取り方

1 　©の地図において日本企業の進出が多い所

例　海側に多い。

【読み取り方】

　©の統計地図は円の大きさで数値を視覚的に表している。円の大きさに注目すると，大きい円は海側に多いことが分かる。

2 　Dの地図において人口密度が高い所

例　海側で高く，内陸部ほど低い。

【読み取り方】

　Dの統計地図は色分けによって数値を示している。人口密度の高い色は海側にかたよっており，内陸ほど人口密度が低い色になっている。

3 　AとBの地図からみる降水量の多さと小麦栽培の関係

【読み取り方】

- Aのドットマップは，米と小麦の生産量5万tを1点で表現している。
- 青い点は東南部や沿岸部，赤い点は東北部や内陸部に集中している。

→米の栽培は東南部や沿岸部，小麦の栽培は東北部や内陸部で盛んである。

- Bの等値線図は，等降水量線（降水量の等しい地点を線で結んだもの）が引かれている。
- 東南部や沿岸部線には数字の小さいほど降水量線が，東北部や内陸部には数字の大きいほど降水量線が引かれている。

→東南部や沿岸部では降水量が多く，東北部や内陸部では降水量が少ない。

【AとBの関係】

降水量の少ない地域で小麦の栽培が盛んである。

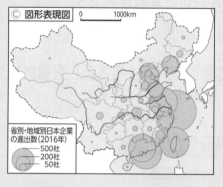

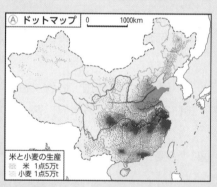

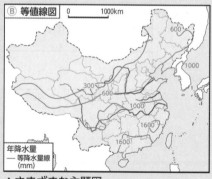

▲さまざまな主題図

確認したら ✓ を書こう

一問一答ポイントチェック

第1章
p.26〜

人々の生活と環境

第2部 第1章

答え

❶熱帯の地域で，一年中緑の葉が茂る森林を何というか？

❶熱帯林

❷熱帯で一時的な強い風を伴ってほぼ毎日降る大粒の雨を何というか？

❷スコール

❸乾燥帯で，少しだけ雨が降る気候を何というか？

❸ステップ気候

❹乾燥帯の地域で，水が湧き出たり，井戸を掘ることで地下水が得られるようになったりする場所を何というか？

❹オアシス

❺乾燥帯の地域で，小麦などの栽培のため，河川や湖，地下水から水路を通して水を引き，農地を潤すことを何というか？

❺かんがい

❻草や水を求め，移動しながら家畜を飼う牧畜を何というか？

❻遊牧

❼乾燥地域で，土をこねて固め，太陽の熱で乾かして伝統的な家をつくるのに使われる材料は何か？

❼日干しれんが

❽温帯で，冬に雨が多く夏は雨が極端に少なく乾燥する気候を何というか？

❽地中海性気候

❾スペインで，暑い夏の昼食後にとる休憩を何というか？

❾シエスタ

❿寒帯で，夏にだけ氷がとけてこけ類が生える気候は何か？

❿ツンドラ気候

⓫亜寒帯から寒帯のシベリアに広がり，一年中凍っている土を何というか？

⓫永久凍土

⓬牛や馬などを牧場や草原で放し飼いにする牧畜を何というか？

⓬放牧

⓭アンデス山脈の高地で⓬によって飼育されている家畜は何か？二つ答えよ。

⓭リャマ，アルパカ

⓮ある地点の月別の平均気温と降水量をグラフで表したものを何というか？

⓮雨温図

⓯日本や中国南部，東南アジアなど雨が多い地域で栽培され，主食として食べられている農作物は何か？

⓯米

⓰雨が比較的少ない地域で栽培され，パンやパスタなどに加工して食べられる農作物は何か？

⓰小麦

⓱ヨーロッパや南北アメリカ，オセアニアに広まり世界で最も信者が多い宗教は何か？

⓱キリスト教

⓲聖地メッカのある西アジアを中心として，アフリカ北部から中央アジア，東南アジアに広がっている宗教は何か？

⓲イスラム教

⓳インドの8割の人々が信仰し，牛を神聖な動物とする宗教は何か？

⓳ヒンドゥー教

⓴⓳の宗教と強く結びついて，職業や結婚の範囲を限定してきた身分制度は何か？

⓴カースト（制度）

CHECK!

確認したら✓を書く。

① アジア州の自然環境

ポイント アジア州はユーラシア大陸の東側に位置し，ヒマラヤ山脈，チベット高原などの高地から流れ出る河川がつくった低地が広がる。熱帯，温帯，亜寒帯（冷帯），寒帯，乾燥帯の気候がみられ，季節風が吹く。

教科書ナビ

◉50ページ 3行め
大陸の中央には，ヒマラヤ山脈とチベット高原からなる（…）。

◉51ページ 10行め
（…）海からの季節風(モンスーン)によって雨がもたらされる（…）。

◉51ページ 12行め
（…）夏に海から吹いてくる湿った風が雨を降らせ，雨季となります。

◉51ページ 14行め
（…）雨が少なくなり，乾季となります。

徹底解説

🔍 **〔ヒマラヤ山脈（さんみゃく）〕**
インド，ネパール，ブータン，中国の国境地帯に広がる全長約2415kmの大山脈で「世界の屋根」ともよばれる。世界最高峰のエベレスト山など，標高8000mを超す山もある。

🔍 **〔季節風（モンスーン）〕**
夏と冬で吹く方向が逆になる風のこと。夏には，海から湿った風が大陸に向かって吹き，多くの雨を降らせる。冬は逆に，大陸から海に向かって乾燥した冷たい風が吹く。

🔍 **〔雨季〕**
海からの湿った季節風の影響で，雨が多く降る。

🔍 **〔乾季〕**
内陸からの乾いた季節風の影響で，雨が少なく乾燥する。

教科書の \答え/ をズバリ!

資料活用 p.51　トンレサップ湖の雨季と乾季の違い

例　雨季には増水して村のすぐそばまで湖となり，船が家に横づけされている。乾季には，湖面だった場所から水が引いて乾いた土地になり，草も生えている。湖は村からかなり遠のいている。

資料活用 p.51　トンレサップ湖の位置(右図参照)

例　7月の降水量は300mm以上，1月の降水量は25mm以下である。

確認しよう p.51　アジア州の主な半島

例　東南アジア…インドシナ半島　マレー半島
　　南アジア…インド半島
　　西アジア…アラビア半島

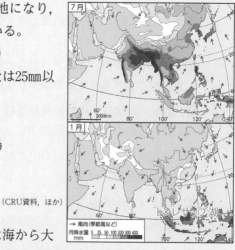
(CRU資料, ほか)

説明しよう p.51　アジア州の気候の特色

例　東南アジアから南アジアにかけて，夏には海から大陸に向けて吹く湿った季節風の影響で雨が多く降る雨季となり，冬には内陸から海に向けて吹く乾燥した季節風の影響で雨が少ない乾季となる。冬の季節風は，シベリアからの冷たい風で，東アジアに厳しい寒さをもたらす。

CHECK! ☺
確認したら✓を書こう

② アジア州の農業・文化と経済発展

ポイント

世界の人口の約6割が暮らすアジア州では，農業が盛んな平野部に人口が集中する。民族，地域で育まれてきた文化や宗教は多様で，近年は豊富な労働力を生かした工業化がめざましい。

教科書ナビ

● 52ページ 4行め
（…）中国の南部，東南アジアの平野では，**かんがい**によって**稲作**が広く行われています。

● 52ページ 7行め
（…）小麦やとうもろこしなどの**畑作**が行われています。

● 52ページ 11行め
（…）羊やらくだなどの家畜を飼う**遊牧**が行われています。

● 53ページ 4行め
仏教は，インドで生まれ，（…）日本へと伝わりました。

● 53ページ 6行め
西アジアと中央アジアで広く信仰されている**イスラム教**は，（…）。

● 53ページ 8行め
インドでは，多くの人々が**ヒンドゥー教**を信仰し，フィリピンでは，（…）**キリスト教**の信者が多数を占めます。

● 53ページ 21行め
（…）経済発展を遂げた国々では**都市化**が進み（…）。

徹底解説

🔍 【かんがい】
農作物の栽培のため，田畑に水路を作って，河川，湖，地下水から水を引くこと。

🔍 【稲作】
一般に稲には多くの水が必要で寒さに弱いため，稲作は降水量が多く，暖かい地域で行われている。東アジアから南アジアにかけての平野部は，暖かく，季節風の影響で降水量が多く稲作が盛んである。

🔍 【畑作】
畑で作物をつくること。降水量があまり多くない中国北部やインド西部などでは，小麦やとうもろこしなどの畑作が盛ん。

🔍 【遊牧】
水や草を求めて，移動しながら家畜を飼育する牧畜。草原が広がるステップ気候の地域で多く行われている。

🔍 【仏教】
インドで生まれ，スリランカから東南アジアへ，シルクロードを通って中国，朝鮮半島，日本へと伝わった。東南アジアの上座部仏教，日本や中国の大乗仏教，チベット仏教などがある。

🔍 【イスラム教】
西アジア，中央アジアで広く信仰されている。アラビア半島で生まれ，インド洋や南シナ海の海上貿易を通して南アジア，東南アジアにも広がった。

🔍 【ヒンドゥー教】
インドの約8割の人々が信仰している民族宗教。信者の数はキリスト教，イスラム教に次いで世界第3位である。

🔍 【キリスト教】
イスラム教・仏教とともに世界三大宗教の一つ。ヨーロッパの植民地支配や布教活動によって世界中に広まった。アジアでは，フィリピンのほか韓国でも信仰されている。

🔍 【都市化】
都市周辺や農村部が都市になる現象。農地が宅地にされたり，工場や商店が進出したりする。人口の集中から過密により大気汚染や交通渋滞，ごみ処理の問題などが発生することもある。

教科書の\答え/をズバリ!

確認しよう p.53 **稲作や畑作が盛んな地域と人口密度が高い地域**

稲作…季節風の影響により降水量の多い東アジアから南アジア，東南アジアの平野部で盛んである。

畑作…降水量があまり多くない中国北部やインド西部などで盛んである。

▲アジアの農業地域 (Good's World Atlas 2005)

人口密度…中国の沿岸部および黄河・長江の流域，インドの沿海部およびガンジス川流域の稲作が盛んな平野部は，最も人口密度が高い。

降水量があまり多くなく，畑作が盛んな中国東北部，インド西部では，稲作地域ほど人口密度は高くない。

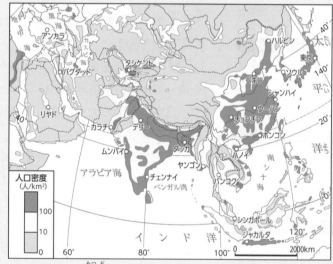

▲アジアの人口密度 (Diereke Weltatlas 2008)

説明しよう p.53 **地形・気候との関わりからみるアジア州の人口分布**

例 季節風の影響で温暖湿潤な東アジア，南アジアには多くの人々が暮らす。特に，黄河・長江流域，インダス川流域に加え，中国やインドの沿海部には，平野が広がり稲作が盛んなため人口が集中している。東アジアと南アジア，その間に位置する東南アジアの経済発展を遂げた国々では，都市化が進み，多くの巨大都市が誕生している。
一方，乾燥している西アジア，高原や山脈が広がる中央アジアは人口が少ない。

③ 経済成長を急速に遂げた中国

ポイント 中国は外国から資金と技術を得て工業化を進め，急速に経済成長してきた。消費が伸び，都市化も進んで豊かになったが，都市と農村の経済格差，大気汚染などの環境問題，高齢化など多くの課題も抱えている。

教科書ナビ

○54ページ 7行め
（…）人口抑制のために長く続けられてきた**一人っ子政策**は見直されました。

○54ページ 15行め
沿海部に**経済特区**を設けることから始まった経済の改革は，（…）中国は「**世界の工場**」とよばれるまでになりました。

○55ページ 6行め
（…）都市と農村の間や（…）収入の差（**経済格差**）を生み出しています。

○55ページ 11行め
（…）**大気汚染**などの環境問題が深刻化していました。

徹底解説

🔍 **【一人っ子政策】**
1980年ごろから中国で行われていた人口の急速な増加を抑制するための政策。二人目以上の出産には罰金などの罰則が設けられていたが，高齢化が進んできたことから2016年に政策は見直された。

🔍 **【経済特区】**
経済を発展させるため，1980年代にシェンチェン，チューハイなど沿海部の都市につくられた特別な行政地域。外国の資金や設備，技術を導入するために税金を優遇するなど，特別な法律が適用される。

🔍 **【世界の工場】**
世界で使われる工業製品を多くつくることのたとえ。1990年代から中国の工業化は急速に進み，中国の工業製品は世界中に輸出され，パソコン，携帯電話など工業製品の世界生産に占める中国の割合が大きくなった。

🔍 **【経済格差】**
国家間や地域間の豊かさの差のこと。中国では，都市と農村の間，沿岸部と内陸部の間で人々の収入に大きな差ができており，経済が十分に発展していない農村から都市へ，1億人以上が出稼ぎに行く。

🔍 **【大気汚染】**
工場からの排煙や自動車からの排ガスなど，生産活動，社会活動によって引き起こされる大気の汚染。中国の大都市では，工業化，都市化が進んで生活が豊かになる一方，大気汚染が深刻化した。

教科書の\答え/をズバリ!

資料活用 p.55　1人あたりの総生産額が高い地域

沿海部で，1人あたりの総生産額が高くなっている。

確認しよう p.55　経済特区の分布

中国南東部の南シナ海の沿岸に集まっている。

説明しよう p.55　中国の経済発展に伴う課題

例 中国では経済発展によって都市化が進み，大都市での生活は豊かになってきているが，都市と農村での**収入の差**は拡大し，農村からの出稼ぎは未だに多い。また，経済発展に伴って，化石燃料を大量に消費していることや工場からの排煙，廃水を原因として大気汚染，水質汚濁が生じていることなど，**環境問題**も深刻化した。

④ 最も近い隣国，韓国

ポイント 韓国は長く日本と交流してきた歴史があり，儒教の影響など日本と共通する文化も多い。重工業を発展させ，現在は情報通信技術関連産業が盛ん。一方，ソウルへの一極集中や地方との格差など課題もある。

教科書ナビ

◉ **56ページ 8行め**
　韓国語はハングルという独自の文字を使いますが，（…）。

◉ **56ページ 10行め**
　（…）祖先や年長者を大切にする儒教の影響がみられる（…）。

◉ **57ページ 13行め**
　（…）人口と政治や経済の一極集中が進んでいます。

徹 底 解 説

🔍【ハングル】
15世紀から使用されてきた韓国独自の文字。アルファベットのように，音を表す文字。

🔍【儒教】
紀元前6世紀の中国で生まれた孔子の教えを中心とする政治や礼儀などに関わる思想。中国の政治・社会思想に強い影響を与えたほか，韓国や日本など東アジアの文化への影響も見られる。人を思いやる，世の中のために行動する，相手に敬意を払うなどの教えがある。

🔍【一極集中】
国の中で，政治・経済・文化などが一つの都市に極端に集中している状態をいう。これにより人口の過密，地価の高騰，交通渋滞，都市公害などさまざまな問題が生じる。韓国では，ソウルと地方間の経済格差などが問題となってきている。

教科書の 答え をズバリ！

資料活用 p.57　韓国の輸出先と輸出品目の変化

　1980年と2018年を比較すると，主要輸出先は，アメリカ合衆国，日本から中国，アメリカ合衆国へ，主要輸出品目は，衣類から機械類へと変化した。

資料活用 p.57　韓国の国土の様子とソウルの市街地

　ハン川下流の平野部にソウルの市街地が広がる。その周囲にインチョンなどの都市も多く，交通網もソウルを中心に広がっている。

確認しよう p.57　日本と共通する韓国の文化

例　●食事の際に箸を使う。
　　●日本のお盆のように家族が集まって墓参りをする。

説明しよう p.57　政治，経済の一極集中が引き起こしている問題

例　ソウルは，政治・経済機能の一極集中が進むことで人口が集中し，地価や住宅価格の高騰や交通渋滞などが問題となっている。また，地方との間で就業機会や収入の格差も広がっている。

⑤ 経済発展を目指す東南アジア

ポイント 多民族が暮らす東南アジアでは，高温多雨を生かし，米や天然ゴムなどの農業が盛んである。外国企業を招いたりASEANを結成したりして工業化も急速に進めているが，過密やスラムなどの都市問題も多い。

教科書ナビ

○58ページ 1行め
東南アジアには6億人余りが暮らしています。

○58ページ 2行め
世界で4番目に人口が多い**インドネシア**をはじめ（…）。

○58ページ 6行め
特に**華人**とよばれる中国系の人々は，（…）。

○58ページ 9行め
季節風による豊富な降水を利用して作られる**米**が主食（…）。

○58ページ 13行め
（…）年に2回同じ土地で稲を栽培する**二期作**も行われます。

○58ページ 15行め
（…）東南アジアの**プランテーション**で栽培されてきました。

○58ページ 19行め
（…）インドネシアなどの海岸部では，**マングローブ**を切り開いて造った（…）。

徹底解説

🔍 **【東南アジア】**
アジアの南東部の地域で，インドシナ半島，マレー半島，フィリピン諸島からなる。タイ，マレーシア，インドネシア，フィリピン，シンガポールなど11か国が位置し，タイ以外はかつて，ヨーロッパ諸国の植民地であった。ほとんどが，熱帯の高温多雨地域である。

🔍 **【インドネシア】**
東南アジア最大の国で，首都はジャワ島にあるジャカルタ。赤道付近に多く位置する島々からなり，2億人以上いる人口の8割以上はイスラム教徒である。稲，天然ゴム，コーヒーなどの栽培が盛んである。

▲マレーシアの民族構成

（マレーシア統計局資料）

🔍 **【華人】**
居住している国の国籍を持っている中国系の人々。東南部では，マレーシアやシンガポールに多く，マレーシアでは国民の20.6％が中国系である。

🔍 **【米】**
小麦と並ぶ2大食料の一つで，日本や中国，東南アジア，インドの東部や南部などでは，多くの人が主食としている。栽培には，17〜18℃以上の気温と1000mm以上の年間降水量を必要とする。

🔍 **【二期作】**
同じ土地で1年の間に2回同じ作物を栽培すること。気温の高い東南アジアの各地では稲の二期作が盛んで，タイやベトナムは世界有数の米の輸出国となっている。

🔍 **【プランテーション】**
主に熱帯にみられる大規模な農園で，多数の労働者を雇い，天然ゴムや油やし，バナナ，コーヒーなど輸出を目的とした商品作物が大量に栽培されている。歴史的には，植民地支配を行ったヨーロッパ諸国やアメリカ合衆国の企業などが開発，運営してきたものが多い。

🔍 **【マングローブ】**
熱帯や亜熱帯地域の海岸や河口の湿地に密生する常緑樹をさしていう。幹から伸びる根は，海水でも育つことができる。

● **59ページ 4行め**
（…）製品を輸出することを目的とした**工業団地**を造り，（…）。

🔍 〔**工業団地**〕
工場を計画的に進出させるために，工業用地や廃水処理施設，交通や通信などを整備した地域。働く人のためのショッピングセンターなども整えて，企業が進出しやすい環境をつくることもある。東南アジアの国々では，このような工業団地を整備して外国企業を受け入れることで，工業化を進めてきた。

● **59ページ 8行め**
東南アジアのほとんどの国が加盟している**東南アジア諸国連合（ASEAN）**では，（…）。

🔍 〔**東南アジア諸国連合（ASEAN）**〕
東南アジア諸国の経済の発展や技術の向上，貿易の拡大などを進め，東南アジア地域の安定を目指すために結成された。東南アジアの10か国，タイ，マレーシア，シンガポール，インドネシア，フィリピン，ブルネイ，ベトナム，ラオス，ミャンマー，カンボジアが加盟している。

● **59ページ 17行め**
（…）上下水道などが整備されていない**スラム**（…）。

🔍 〔**スラム**〕
大都市の都心部などの，住環境のよくない住宅街。移住者や安定した仕事や収入のない人々が居住することで作られる。

教科書の 答え をズバリ！

確認しよう p.59 ** 2018年までの27年間で日本企業の進出が急速に増えた国**

- タイ（＋1785社）
- ベトナム（＋1163社）
- インドネシア（＋990社）
- シンガポール（＋721社）

［補足］タイ，シンガポール，マレーシアは，東南アジアの中で最も早い1960年代から工業化が進められてきた国。近年ではインドネシア，ベトナムなど，労働者を低賃金で雇える国への進出が増えている。

説明しよう p.59

東南アジアで工業化が進んだ理由
例 製品輸出を目的とした工業団地を造り，外国企業を招いたから。また，賃金が低く，進出する外国企業が増えているから。

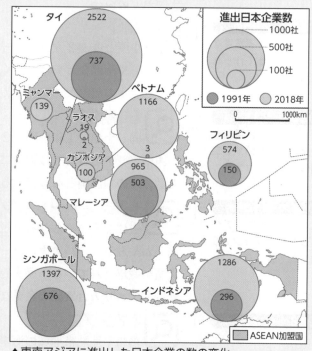

▲東南アジアに進出した日本企業の数の変化
（海外進出企業総覧2020，ほか）

6 産業発展と人口増加が急速に進む南アジア

ポイント インドをはじめ南アジアは，米，小麦，茶などの農業が盛ん。近年は情報通信技術関連産業や縫製業が急速に発展している。豊富な労働力で工業化が進展してきたが，農村部の貧困などの問題も抱えている。

教科書ナビ

○60ページ 8行め
その結果，**インド**や**パキスタン**では，米や小麦の生産量が（…）。

○60ページ 13行め
近年は，特に**情報通信技術（ICT）関連産業**が急速に成長しています。

徹底解説

🔍 **〔インド〕**
南アジアに位置し，13億人以上いる人口の約4割が農業に従事しており，米，小麦，茶，綿花などの栽培が盛ん。近年は自動車産業，情報通信技術（ICT）関連産業が成長している。人口の約8割がヒンドゥー教を信仰し，身分制度であるカースト制度の影響が根強く残っている。

🔍 **〔情報通信技術（ICT）関連産業〕**
パソコンやインターネットなど，情報や通信に関連する技術を用いた産業のこと。ICTとは，Information（情報）and Communication（通信）Technology（技術）の略。インドのICT関連産業の輸出額は，2000年ごろから大幅に増えている。

教科書の答えをズバリ！

資料活用 p.60 南アジアで茶と綿花の生産量の多い国

南アジアの国：インド，パキスタン，ネパール，ブータン，バングラデシュ，スリランカ

茶の生産量が多い……インド，スリランカ
綿花の生産量が多い…インド，パキスタン

資料活用 p.60 茶の産地 アッサム地方（右図参照）

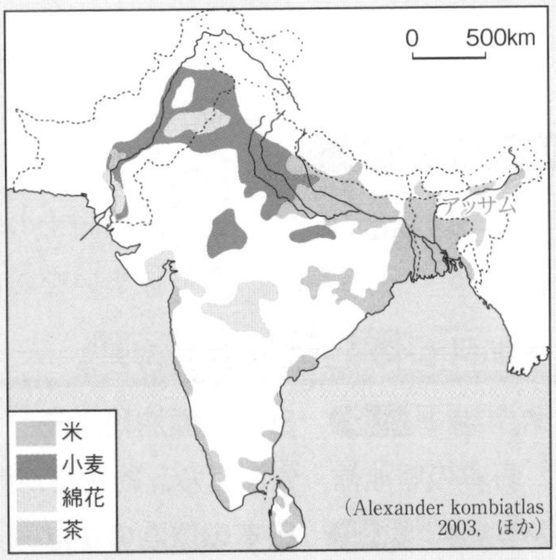

確認しよう p.61 南アジアの国々の主な輸出品

インド…機械類，自動車，米，小麦，茶，綿花，ICT関連のサービス　**パキスタン**…綿花
バングラデシュ…衣類，茶　**スリランカ**…茶

説明しよう p.61 南アジアの国々でICT関連産業や縫製業が発達した背景

凡例：米／小麦／綿花／茶　（Alexander kombiatlas 2003, ほか）　0 500km

例 インドでICT関連産業が発達したのは，インドでは数学の教育水準が高いこと，英語が話せる低賃金の技術者が多いこと，新しい産業であるICT関連産業はカーストの影響をあまり受けないので，この仕事に就く人が多かったこと，国や州が援助して技術者を育てたことなどによる。アメリカとの時差が約半日であることも理由として挙げられる。

バングラデシュやパキスタンで縫製業が発達したのは，これらの国で原料となる綿花の生産が多いことをはじめ，豊富な労働力が安く得られたこと，賃金の上がった中国から工場が移転してきたことなどによる。

⑦ 資源が豊富な中央アジア・西アジア

ポイント 中央アジア・西アジアは石油や鉱産資源の輸出が盛んで発展してきたが，紛争や難民問題を抱える国も多い。資源を輸入に頼る日本は，この地域の安定のため，経済，生活支援をしている。

教科書ナビ

◎62ページ 4行め
しかし，アラブ首長国連邦の**ドバイ**のように，砂漠の中に（…）。

◎62ページ 10行め
採掘された原油の大部分は，タンカーや**パイプライン**で（…）。

◎62ページ 14行め
西アジアの主な産油国は，**石油輸出国機構（OPEC）**に加盟して（…）。

◎63ページ 12行め
（…）シリアのように内戦による難民が発生している（…）。

徹底解説

🔍 **〔ドバイ〕**
アラブ首長国連邦の，7つの首長国のうちの一つ。多くの西アジア諸国同様，石油の生産と輸出で発展してきたが，近年は，工業団地を建設して工業化を進めたり，観光開発を進めたりしている。

🔍 **〔パイプライン〕**
原油や天然ガスなど，液体や気体をポンプの圧力で流して長距離輸送するための管状の施設。多くの油田があるペルシア湾沿岸から地中海沿岸へ原油を送るパイプラインが引かれ，海外へ輸出されている。大量輸出ができ，輸送費用が抑えられる。

🔍 **〔石油輸出国機構（OPEC）〕**
世界の主な石油輸出国が，自らの利益を守って経済発展を目指すため，1960年に結成した国際機関。西アジア，アフリカの産油国や南アメリカのベネズエラなどが加盟し，原油価格や生産量などを決めている。加盟国は，西アジアのイラン，イラク，サウジアラビア，クウェート，アラブ首長国連邦，アフリカのリビア，アルジェリア，ナイジェリア，アンゴラ，ギニア，コンゴ共和国，ガボン，南アメリカのベネズエラの13か国（2020年）。

🔍 **〔難民〕**
国同士の紛争や国内の政治，宗教上の争いや対立，混乱などで，命や住まいをおびやかされ他国に逃れた人々。

教科書の\答え/をズバリ!

資料活用 p.62 日本の原油輸入先

日本の原油輸入先のうち，約80％が西アジアの国々である。

確認しよう p.63 日本の原油の主な輸入国の位置
（右図）

説明しよう p.63 中央アジアや西アジアの国々が産業を発展させてきた背景

例 中央アジアや西アジアには原油やレアメタルなど鉱産資源に恵まれている国が多く，その資源や加工品を輸出し，得た利益で産業を発展させてきた。

▼中央アジア・西アジアの原油・天然ガス
(World Energy Atlas 7th edition, ほか)

節の学習を振り返ろう

CHECK! 😊
確認したら✓を書こう

アジア州

1 学んだことを確かめよう

1　A…サウジアラビア　B…カザフスタン　C…インド　D…中国　E…タイ　F…インドネシア

2　ⓐヒマラヤ（山脈）　ⓑ黄河　ⓒアラビア（半島）　ⓓガンジス（川）　ⓔインドシナ（半島）

3　①一人っ子　②世界の工場　③ハングル　④ソウル　⑤石油輸出国機構（OPEC）　⑥綿花　⑦情報通信技術（ICT）関連　⑧季節風（モンスーン）　⑨稲作　⑩プランテーション　⑪東南アジア諸国連合（ASEAN）

写真を振り返ろう　　　㋐都市化　㋑工業団地　㋒ヒンドゥー教　㋓イスラム教

2 「地理的な見方・考え方」を働かせて説明しよう

ステップ1　州の特色と課題を整理する

①**例**　・世界との結び付きを強化
　　　　・経済特区に外国企業を招いて技術と資金を獲得

②**例**　○工業製品を世界中に輸出し，「世界の工場」とよばれるようになり，人々の生活が豊かになった
　　　　▲都市と農村間の経済格差，化石燃料の消費，環境問題が深刻化した

③**例**　・賃金の低い豊富な労働力（バングラデシュ，パキスタン）
　　　　・数学の教育水準が高く，英語を話せる人が多い（インド）

④**例**　○ICT関連産業が急成長し，都市部での工業化が進展
　　　　▲貧困な農村部が取り残されたまま

ステップ2　「節の問い」への考えを説明する

作業1　**例**　多い**人口**を背景に，豊富な労働力を安い賃金で雇うことで**工業**を発展させてきた。

作業2　**例**　農村から都市に人が流入し**都市化**が進んだが，急速な人口増加は過密による大気汚染やスラムなどの問題を生じさせた。一方、農村は豊かにならず，都市と農村の間での**経済格差**が広がった。

ステップ3　持続可能な社会に向けて考える

作業1　**例**　東南アジアでは，都市においてスラム化，交通渋滞，大気汚染などの問題が生じている。

作業2　**例**　都市の環境整備を進めるとともに，工業団地を地方につくるなどして，人口や産業が都市部に集中するのを避ける必要がある。

作業3　**例**　産業化の進展によって都市部の環境がますます悪化する可能性があるため，環境に配慮した産業のしくみづくりが優先的に行われる必要がある。

私たちとの関わり

例　東京・大阪・名古屋を中心とする三大都市圏や札幌，仙台，広島，福岡，北九州などの地方の大都市に人口が集中している。

一問一答 ポイントチェック

答え

第1節
p.48〜
アジア州

❶アジア州は何大陸にあるか？

❷チベット高原の南に位置する高くて険しい山脈の名称は何か？

❸東アジアから南アジアにかけての地域で，季節によって吹く方向が逆になる風を何というか？

❹降水量が多い東アジアから南アジアにかけての平野部で盛んに行われている農業は何か？

❺農業に必要な水を，河川などから水路を通して引き，農地を潤すことを何というか？

❻降水量が少ない中国北部やインド西部で盛んに行われている農業は何か？

❼水や草を求めて家畜とともに移動する牧畜は何か？

❽西アジアや中央アジアで最も信仰されている宗教は何か？

❾インドで多くの人々が信仰している宗教は何か？

❿中国で人口抑制のために1980年ごろから進められ，2016年に見直された政策を何というか？

⓫中国で，外国の技術・資金を導入するため，税金を優遇するなどして沿海部に設けられた地区を何というか？

⓬経済成長が進み，中国製の衣服や家電製品が世界で広く使われるようになった中国は何とよばれるようになったか？

⓭中国において，都市と農村の間や沿岸部と内陸部の間で生じている賃金や収入の差を何というか？

⓮韓国で使用されている独自の文字を何というか？

⓯祖先や年長者を大切にするなど韓国で大切にされている思想は何か？

⓰パソコンやインターネットなど，情報や通信に関連する技術を用いた産業を何というか？

⓱東南アジアで発展を支えた中国系の人々を何というか？

⓲同じ水田で1年に2回，稲を栽培する農業を何というか？

⓳天然ゴムや茶などの輸出を目的とした作物を大量に栽培する大農園を何というか？

⓴東南アジアの国々の経済発展や貿易拡大などのため結成され，東南アジアのほとんどの国が加盟する組織を何というか？

㉑原油や天然ガスをポンプの圧力で長距離輸送する管状の施設を何というか？

❶ユーラシア大陸

❷ヒマラヤ山脈

❸季節風（モンスーン）

❹稲作

❺かんがい

❻畑作

❼遊牧

❽イスラム教

❾ヒンドゥー教

❿一人っ子政策

⓫経済特区

⓬世界の工場

⓭経済格差

⓮ハングル

⓯儒教

⓰情報通信技術（ICT）産業

⓱華人

⓲二期作

⓳プランテーション

⓴東南アジア諸国連合（ASEAN）

㉑パイプライン

① ヨーロッパ州の自然環境

ポイント ヨーロッパ州中央部にはアルプス山脈があり，大西洋，北海沿岸では西岸海洋性気候，南側の地中海沿岸には地中海性気候が広がる。北部のスカンディナビア半島，東ヨーロッパには亜寒帯が広がっている。

教科書ナビ

●68ページ 3行め
ヨーロッパの中央部にはアルプス山脈が東西に連なっており，(…)。

●68ページ 7行め
(…) なだらかな丘陵が広がり，ライン川などの国際河川が流れています。

●68ページ 11行め
(…) 氷河によって削られた谷に海水が深く入りこんだフィヨルドなどの（…）。

●69ページ 3行め
(…) 暖流の北大西洋海流と，その上空を吹く偏西風の影響(…)。

●69ページ 4行め
特に大西洋や北海に面した地域は西岸海洋性気候に属しており(…)。

徹底解説

🔍【アルプス山脈】
ヨーロッパ中央部を東西に走る大山脈で，モンブラン山(4810m)，マッターホルン（4478m）など4000mを超える山々が連なっている。アルプス山脈の北側は平原や丘陵の広がるなだらかな地形で，南側は平野が少なく，山がちで火山も多い。

🔍【国際河川】
複数の国の領域や国境を流れ，沿岸国の船が自由に航行できるように条約を結んでいる河川。ライン川など。

🔍【氷河】
長年にわたって積もった雪がかたまって氷となり，重なった氷の重さや上方からの圧力で，地表をゆっくりすべって動いていくもの。寒帯やアルプス山脈，ヒマラヤ山脈などの高山地域に見られる。

🔍【フィヨルド】
氷河によって削られた谷に海水が深く入りこんでできた入り江。水深が深く，陸地の奥まで入りこんでいる。スカンディナビア半島のほかグリーンランド，アメリカ合衆国のアラスカ州などに見られる。

🔍【北大西洋海流】
北大西洋の南西（北アメリカ側）から北東（ヨーロッパ側）に向かって流れる暖流。この暖流の影響で，ヨーロッパは緯度が高いにもかかわらず，比較的温暖な気候である。

🔍【偏西風】
北緯・南緯30度から60度付近の中緯度地帯の上空で一年中吹いている風。地球の自転の影響で西風となる。

🔍【西岸海洋性気候】
偏西風と暖流の影響を受け，夏は冷涼，冬は温暖で，年間を通して安定した降水がある温帯気候。ヨーロッパのほかカナダ西岸，チリ南部など大陸の西岸に多くみられる。ヨーロッパでは小麦やじゃがいもなどさまざまな農作物が栽培され，酪農なども盛ん。

○69ページ 9行め
（…）夏は晴天が続いて乾燥する地中海性気候なので（…）。

🔍 〔地中海性気候〕
冬は温暖で雨が多く，夏は高温で乾燥する温帯気候。エジプトリビア以外の地中海沿岸，アメリカ西海岸，オーストラリア南西部などでみられる。夏は乾燥に強い。ぶどうやオリーブ，かんきつ類などの栽培が，冬は雨を利用した小麦の栽培が盛ん。

○69ページ 14行め
夏になると太陽が沈んでも暗くならない白夜とよばれる現象が（…）。

🔍 〔白夜〕
日の出前や日没後に空が薄明るくなる，高緯度地域でみられる現象。夏になると太陽が地平線とほとんど平行に動くため，暗くならずに明るい時間が長く続く。

教科書の 答え をズバリ！

資料活用 p.68 北緯40度の緯線と日本の緯度

　　北緯40度の緯線は，ヨーロッパでは南部のポルトガル，スペイン，イタリア南部，ギリシャを通っており，日本では，東北地方の秋田県と岩手県を通っている。

確認しよう p.69 ヨーロッパの主な山脈と河川

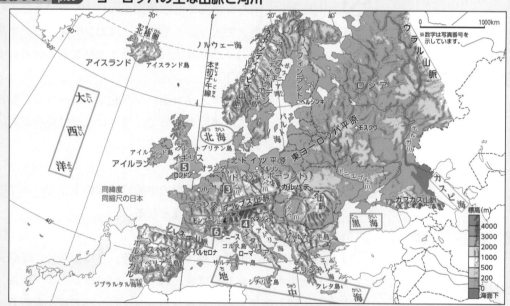

説明しよう p.69 ヨーロッパの気候の特色

　例　ヨーロッパの大部分は，日本に比べて**高緯度**に位置しているが，大西洋を南西から北東に流れる暖流の**北大西洋海流**と，その上を吹いてくる**偏西風**の影響で，気候は比較的温暖である。

② ヨーロッパ文化の共通性と多様性

ポイント
ヨーロッパではキリスト教が信仰され，言語とあわせ北部のプロテスタント・ゲルマン系，南部のカトリック・ラテン系，東部の正教会・スラブ系の3つに分類できる。近年は地域外から人と文化が流入している。

教科書ナビ

◉70ページ 9行め ……
プロテスタント，カトリック，正教会という宗派の違いがあります。

徹底解説

🔍 【プロテスタント】【カトリック】【正教会】

プロテスタント…16世紀の宗教改革によって成立した宗派で，イギリス，ドイツなどヨーロッパ北部に多い。

カトリック…ローマ教皇を最高の権威とする宗派で，イタリアやスペイン，フランスなどヨーロッパ南部に多い。

正教会…ギリシャやロシアなどヨーロッパ東部で多く信仰されている。

教科書の 答え をズバリ!

資料活用 p.71　ロンドンに移り住んだ人々

ロンドンには，かつて植民地だったアジアやアフリカ出身の人々が暮らしている。写真の人々は，服装や建物に掲示された言語から，南アジアなどから移り住んだ人々と考えられる。

確認しよう p.71　三つに分けられるヨーロッパの主な言語とキリスト教の宗派

地 域	言 語	多い宗派
ヨーロッパ北西部	ゲルマン系言語 （英語・ドイツ語）	プロテスタント
ヨーロッパ中西部	ラテン系言語 （フランス語・イタリア語）	カトリック
ヨーロッパ東部	スラブ系言語 （ロシア語・ポーランド語）	正教会

(注) 例外もみられる。

説明しよう p.71　ヨーロッパの宗教にみられる共通性と多様性

・共通性…例　ヨーロッパでは，多くの地域でキリスト教が信仰されている。町や村の中心には教会があり，日曜日には信者が礼拝に訪れる。クリスマスやイースター（復活祭）などの行事が行われ，結婚式や葬儀などの節目の儀式も教会で行われる。

・多様性…例　イギリス，ドイツなど，北部の地域ではプロテスタントを，イタリア，フランスなど南部の地域ではカトリックを，ギリシャ，ロシアなど東部の地域では正教会を信仰する人が多い。長い歴史の中では移民も増え，近年はイスラム教など，さまざまな信仰をもつ人が増えてきている。

❸ EU の成り立ちとその影響

CHECK!
確認したら✓を書く

ポイント ヨーロッパでは，産業を発展させ大国に対抗していくため，EUを成立させて協力してきた。EU統合によって，世界の中でのヨーロッパの影響力は拡大し，EU域内での人や物の動きも活発になっている。

教科書ナビ

◉72ページ 17行め
（…）1993年にはヨーロッパ連合（EU）となりました。

◉73ページ 12行め
（…）EU域内で共通の通貨ユーロを多くの国で導入することにより，（…）。

徹底解説

🔍 〔ヨーロッパ連合（EU）〕
第二次世界大戦後ヨーロッパでは，互いに協力して発展していこうという動きが高まり，1967年にフランス，イタリアなど6か国がヨーロッパ共同体（EC）という組織を作り，1993年にヨーロッパ連合(EU)へと発展させた。ヨーロッパ連合では，共通の議会であるヨーロッパ議会や共通の通貨であるユーロが導入されている。

🔍 〔ユーロ〕
1999年から使われるようになったヨーロッパ連合（EU）共通の通貨。両替をする必要がなくなったので，国境を越えた買い物や旅行が活発になった。スウェーデンやデンマークなど，ユーロを導入せず，これまで通り独自の通貨を使っている国もある。

教科書の 答え をズバリ！

資料活用 p.73 **EU加盟国の拡大**（右下図参照）

確認しよう p.73 **EU誕生の背景** 第二次世界大戦でほぼ全域が戦場となったヨーロッパでは，戦後，成長するアメリカ合衆国などの経済力に対抗する必要があった。そこで互いに協力して発展していくことを目指し団結した。

1948年	関税同盟を結成
1952年	ヨーロッパ石炭鉄鋼共同体（ECSC）
1957年	ヨーロッパ経済共同体（EEC）
1958年	ヨーロッパ原子力共同体（EURATOM）が発足
1967年	ヨーロッパ共同体（EC）が成立（ECSC，EEC，EURATOMを統合）
1993年	ヨーロッパ連合（EU）が成立

説明しよう p.73 **EU統合による人々の生活の変化**

例
- EU加盟国の間では，パスポートなしで国境を自由に行き来でき，EU域内のどこにでも自由に住んだり働いたりできるようになった。
- 共通通貨のユーロが導入され，両替をする必要がなくなったので，国境を越えた買い物や旅行が活発になった。
- 加盟国からの輸入品にかかる税金をなくしたことにより，EU域内の農作物や工業製品の貿易が盛んになり，人々の生活も便利で豊かになった。

▲EU加盟国の拡大

❹ ヨーロッパの農業とEUの影響

ポイント ヨーロッパでは混合農業，酪農，地中海式農業が行われてきた。国により農地や生産量の規模に差があり，EUは輸入農作物に対抗するため，域内全体の食料自給率や作物の質を上げる支援などをしている。

教科書ナビ

●74ページ 6行め
（…）家畜の飼育を組み合わせた**混合農業**が行われてきました。

●74ページ 11行め
（…）バターやチーズを生産する**酪農**が盛んです。

●74ページ 13行め
（…）夏の高温と乾燥に強い果樹を栽培する**地中海式農業**が行われてきました。

●75ページ 8行め
（…）域内全体としての**食料自給率**を上げ，EU域外からの（…）。

徹底解説

🔍 **〔混合農業〕**
作物の栽培と家畜の飼育を組み合わせた農業。ドイツやフランスなどアルプス山脈より北の地域で行われている。

🔍 **〔酪農〕**
乳牛を飼い，バターやチーズ，牛乳を生産する農業。ドイツより北のデンマークやオランダやアルプス山脈などで行われている。

🔍 **〔地中海式農業〕**
アルプス山脈より南の地域で，地中海性気候（夏は高温で乾燥し，冬は温暖で雨が多い）を利用して行われる農業。夏には乾燥に強いオレンジやオリーブ，ぶどうを栽培し，冬には小麦などを栽培する。

🔍 **〔食料自給率〕**
国内で消費する食料のうち，国内産で賄える割合のこと。農作物や水産物などの品目ごとに計算したもの，それらを総合したものが示される。食料自給率が100％未満の国は，足りない分を外国から輸入することになる。100％以上の国は，余った分を輸出できる。

教科書の\答え/をズバリ！

確認しよう p.75 混合農業・酪農・地中海式農業の分布

凡例
- 畑
- 小麦
- 混合農業
- 地中海式農業
- 酪農
- その他（森林・放牧など）

◀ヨーロッパの農業地域 （Seydlitz Project Erde, ほか）

混合農業…ヨーロッパ北西部，東部で盛ん。
　　　　　　ドイツ，フランスなど。

地中海式農業…地中海沿岸で盛ん。
　　　　　　イタリア，スペイン南部など。

酪農…北海沿岸やスイスで盛ん。
　　　　デンマーク，オランダなど。

説明しよう p.75 農業支援のためのEUの取り組み

例 農家や地域に補助金を出して保護する共通農業政策をとっている。また，質の高い農作物の生産をする農家や地域を支援し，農薬の使用を抑える農業に対して補助金を増やしている。

⑤ ヨーロッパの工業とEUの影響

ポイント ヨーロッパでは先端技術産業が成長しており，航空機産業はEU統合によって国際分業体制が整い大きく発展している。近年は，市場や安い賃金を求める域内外の企業が東ヨーロッパに進出する動きもある。

教科書ナビ

●**76ページ 10行め**

（…）自動車工業や医薬品，航空機などを生産する**先端技術産業**などが成長しており，（…）。

徹底解説

🔍 **〔先端技術産業〕**

時代の先端をいく技術を利用して，工業製品などを生産する産業のこと。ICなどを生産する<u>エレクトロニクス産業</u>，人工の無機化合物に高度な機能をもたせたファインセラミックスなどを生産する新素材産業，航空機や人工衛星などを生産する<u>航空宇宙産業</u>，生物の働きを利用する<u>バイオテクノロジー</u>など，さまざまな分野が含まれている。

教科書の\答え/をズバリ!

資料活用 p.76 **国境を越えて行き来する部品**

EU域内なら，モノの移動に関税がかからないことを利用して，4か国で航空機の機体の製造を分担する国際分業体制をとっている。主翼はイギリスが，垂直尾翼と胴体の一部はドイツが，水平尾翼と胴体の後部はスペインが，残りの胴体と操縦席はフランスの工場で作られている。

確認しよう p.77

ヨーロッパで工業が盛んな地域

イギリス

・ロンドン…自動車，電気機械

ドイツ

・フランクフルト…自動車，化学

・ミュンヘン…自動車，化学

・ハンブルク…航空機，化学

フランス

・パリ…自動車，革製品，電気機械

・トゥールーズ…航空機，電気機械

▲ヨーロッパの主な工業地域
(Diercke Weltatlas 2008, ほか)

説明しよう p.77 **EU統合によって生じたヨーロッパの工業の変化**

例 フランスとドイツは共同出資して設立したエアバス社に，他のEU諸国の企業が参加し，現在では航空機市場をアメリカと二分するほどに成長した。また，近年加盟した東ヨーロッパの国々は工業化が遅れ賃金が低いため，ドイツ，フランスや日本などの企業が工場を進出させている。

⑥ EUが抱える課題

ポイント
EUでは,西ヨーロッパと東ヨーロッパの経済格差が拡大している。東ヨーロッパの労働力不足,西ヨーロッパ諸国の補助金負担増,移民・難民の流入などの課題もあり,新たな統合の形が模索されている

教科書ナビ

●78ページ 7行め
このような背景から,EU域内の**経済格差**が拡大しており,(…)。

●78ページ 13行め
(…)西アジアやアフリカなどから多くの移民や**難民**が流入(…)。

●78ページ 14行め
(…)**イギリス**は,こうした負担の増加に対して不満を抱き,(…)。

●79ページ 1行め
ロシアは,ウラル山脈を挟んでヨーロッパからアジアにまたがる(…)。

徹底解説

🔍 **[経済格差]**
同じヨーロッパの国の中でも,豊かな国と貧しい国とがある。工業化が遅れている国は,工業化が進んだ国よりも国内総生産額が低く,国民の所得も低いなど,経済的な格差が生じている。

🔍 **[難民]**
国同士の紛争や国内の政治,宗教上の争いや対立,混乱などで,命や住まいをおびやかされ,他国に逃れた人々。

🔍 **[イギリス]**
イングランド,ウェールズ,スコットランド,北アイルランドからなる連合王国。18世紀中ごろに産業革命がおこり,世界有数の工業国として発展してきたが,第二次世界大戦後はアメリカ合衆国などにこされた。イギリスは1973年にEUの前身であるECに加盟したが,2016年に行われた国民投票によってEU離脱が決定し,2020年にEUを離脱した。

🔍 **[ロシア]**
ロシアは,ユーラシア大陸のほぼ北半分を占め,ウラル山脈を挟んで,ヨーロッパからアジアにまたがる世界で最も広い国である。面積は日本の約45倍,東西の両端で時差は10時間にもなる。国土の大部分が亜寒帯(冷帯)に属し,冬の寒さは厳しい。

※数字は教科書の写真番号を示しています

▲ロシアとその周辺の自然 (Diercke Weltatlas 2008)

◯79ページ 13行め
ロシアには，原油や天然ガスなどの鉱産資源が豊富にあり，（…）。

🔍 **【鉱産資源】**

ロシアは鉱産資源が豊かな国で，原油，天然ガス，石炭，鉄鉱石，ニッケルなどを産出し，周辺諸国へ輸出している。EU諸国へは原油や天然ガスがパイプラインを使って大量に輸出されている。

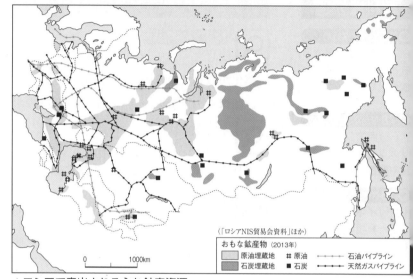

（「ロシアNIS貿易会資料」ほか）

おもな鉱産物（2013年）

▨ 原油埋蔵地	⊞ 原油	┄ 石油パイプライン
▨ 石炭埋蔵地	■ 石炭	┄ 天然ガスパイプライン

0　　　　1000km

▲ロシアで産出される主な鉱産資源

教科書の 答え をズバリ！

確認しよう p.78　**ヨーロッパでみられる外国人の移動**

① **EU加盟国間での移動**

● 東ヨーロッパの国（ポーランド，ハンガリーなど）からドイツ，フランスへ

② **EU域外からEU加盟国への移動**

● 東ヨーロッパの国（ルーマニア，ブルガリアなど）からスペイン，イタリア，ドイツへ

● 西アジア（シリア），アフリカ（モロッコ，アルジェリアなど）からドイツ，フランスへ

● アジア（中国，インド）からイギリスへ

※イギリスは，2020年にEUを離脱。

説明しよう p.78　**EU域内での課題** 例

● より高い収入を求めて東ヨーロッパから西ヨーロッパに労働者が移動した結果，東ヨーロッパにおいて労働力不足が深刻化している。

● EU域内の経済格差を埋めるための補助金は財政豊かな国が負担するため，豊かな国からの不満が生じている。

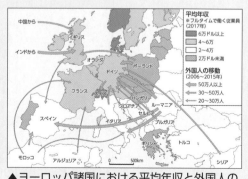

▲ヨーロッパ諸国における平均年収と外国人の移動（OECD資料，ほか）

節の学習を振り返ろう

CHECK!

確認したら✓を書こう

ヨーロッパ州

1 学んだことを確かめよう

1 A…イギリス B…フランス C…ドイツ D…イタリア E…スペイン F…ロシア

2 ⓐアルプス（山脈） ⓑライン（川） ⓒスカンディナビア（半島） ⓓ地中（海）

3 ①北大西洋 ②偏西 ③混合 ④酪農 ⑤地中海性
⑥地中海式 ⑦ヨーロッパ連合（EU） ⑧経済格差 ⑨氷河

写真を振り返ろう ㋐氷河 ㋑フィヨルド ㋒国際河川

2 「地理的な見方・考え方」を働かせて説明しよう

ステップ1 州の特色と課題を整理する

①例 高収入を求めて東ヨーロッパの労働者が西ヨーロッパに移動したため，東ヨーロッパの労働力不足が深刻化した。

②例 EU加盟国からの輸入品にかかる税金が廃止されたことで，EU域内の農作物や工業製品の貿易が盛んになった。

③例 EU域内での共通通貨であるユーロが導入され，これまでのように自国の通貨と他国の通貨を両替する必要がなくなったため，国境を越えた買い物や旅行などが活発になった。

④例 西ヨーロッパと東ヨーロッパの経済格差が拡大し，東ヨーロッパ諸国の高い技術をもつ人材の国外流出が生じている。

ステップ2 「節の問い」への考えを説明する

作業1例 戦後，経済力を増すアメリカ合衆国などの大国にヨーロッパの一国では対抗できないため，ヨーロッパ全体が協力して発展していく必要が生じた。

作業2例 **ヨーロッパ連合（EU）** では人や物の移動が盛んになり経済発展が進む一方，農業や工業が盛んな国もあれば産業に恵まれない国もあり，域内での**経済格差**が存在している。

ステップ3 持続可能な社会に向けて考える

作業1例 新たに加盟した東ヨーロッパの国々は工業化が遅れ所得が低い傾向があり，加盟国間の経済格差が大きくなった。

作業2例 東ヨーロッパの人にとっては，技術や能力を生かして高収入が得られる場が東ヨーロッパ内にも設けられれば西ヨーロッパに移動する必要がなくなる。

作業3例 西ヨーロッパに集中している産業機能を東ヨーロッパ諸国内にも移していく取り組みが必要である。

私たちとの関わり

日本の自動車産業は，1970年ごろから自動車を輸出することで成長したが，1985年ごろからは海外で生産を行うことでさらに成長してきている。

① アフリカ州の自然環境

ポイント アフリカ州は赤道付近の熱帯を中心に，南北に乾燥帯，温帯が広がり，赤道から離れるにつれ熱帯林から草原，砂漠が見られる。干ばつや人口増加によるまきの採りすぎ，放牧のし過ぎで砂漠化が進んでいる。

教科書ナビ

● **84ページ 6行め**
その地中海に流れ込む**ナイル川**は，世界最長の川です。

● **84ページ 9行め**
アフリカ北部には，世界最大の砂漠である**サハラ砂漠**が広がります。

● **85ページ 3行め**
（…）一年中雨が多く，**熱帯林**が広がっています。

● **85ページ 6行め**
（…）低い木がまばらに生える**サバナ**とよばれる草原が広がり，（…）。

● **85ページ 12行め**
サハラ砂漠の南の縁に沿った**サヘル**では，（…）。

● **85ページ 13行め**
（…）植物が育たないやせた土地になってしまう**砂漠化**が進んでいます。

徹底解説

🔍 **〔ナイル川〕**
世界最大の川で，全長は6695km。ビクトリア湖を水源として北に向かって流れ，エジプトから地中海に注ぎ込む。

🔍 **〔サハラ砂漠〕**
アフリカ北部に広がる世界最大の砂漠。東西約4000km，南北約1800kmにわたり，アフリカ大陸全体の約３分の１を占める。

🔍 **〔熱帯林〕**
熱帯地域に分布する森林。熱帯雨林，マングローブ林などの種類がある。

🔍 **〔サバナ〕**
はっきりと雨季，乾季に分かれている熱帯に分布する草原で，林や低木も点在する。

🔍 **〔サヘル〕**
アラビア語で「岸辺」の意味。サハラ砂漠の南の縁に沿って帯状に広がる半乾燥地域で，降水量の変動が年によって激しく，干ばつや人口増加によるまきの採りすぎなどで砂漠化が進む。

🔍 **〔砂漠化〕**
草原や森林が失われてやせた土地が拡大すること。気候変化による降雨の減少だけでなく，過剰な放牧やまきの採りすぎなど人間の活動の影響が大きい。

教科書の 答え をズバリ！

資料活用 p.85 **トンブクトゥ，キサンガニ，ケープタウンの位置**（右図参照）

確認しよう p.85 **ナイル川，サハラ砂漠の位置**
（右図参照）

説明しよう p.85 **アフリカ州の気候の特色**

例 赤道付近は雨が多い熱帯雨林気候，赤道から少し離れた地域はサバナ気候，さらに離れるとステップ気候，そして砂漠気候となる。北部と南部の海岸沿いは温帯で，北部は地中海性気候，南部では西岸海洋性気候や地中海性気候も分布する。

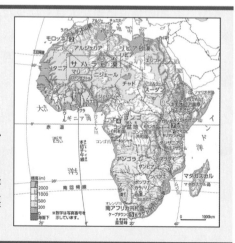

② アフリカの歴史と文化

ポイント アフリカ州の国の多くはヨーロッパ諸国の植民地であったため，独立後も言語，宗教，食文化などに旧本国の影響がみられるが，現在は国際機関をつくって政治・経済的に団結し，国際的な発言力も高めている。

教科書ナビ

○86ページ 4行め
（…）ヨーロッパ人によって多くの人々が奴隷として南北アメリカ大陸に連れていかれ，（…）。

○86ページ 7行め
（…）ヨーロッパ諸国の植民地として分割されました。

徹底解説

🔍 **【奴隷】**
物として扱われ，人の所有物として売買された人々。16世紀から19世紀半ばごろまで，アフリカから1000万人以上の人々が奴隷として南北アメリカ大陸に連れていかれ，労働者として使われた。

🔍 **【植民地】**
ほかの国（本国）に支配された国や地域。さまざまな権利が本国に奪われ，本国へ送る原料などを得るために，本国の人々によって土地や資源が開発されたところが多い。アフリカは，ほとんどがヨーロッパ諸国の植民地だった。

教科書の\答え/をズバリ！

資料活用 p.87　マリの主な使用言語

フランス語

（補足）かつてはフランスの植民地で，1960年に独立している。

確認しよう p.87　アフリカの多くの国で使用されている言語

英語…主にアフリカ南部〜中東部の国々。
南アフリカ共和国，ボツワナ，ジンバブエ，タンザニアなど

フランス語…主にアフリカ中西部の国々。
セネガル，ギニア，コートジボワール，マリなど

アラビア語…主にアフリカ北部の国々。
アルジェリア，リビア，エジプト，スーダンなど

▲アフリカ州の主な使用言語

主な使用言語（主に公用語）
■ 英語
□ フランス語
ポルトガル語
スペイン語
アラビア語
0　1000km
(Time Almanac 2013)

説明しよう p.87　アフリカにみられる植民地時代の影響

例
● 独立の際，植民地時代に民族のまとまりを無視して引かれた境界線が国境となったため，国内に民族，言語，宗教，文化の異なる地域が存在している国が多い。
● 旧本国の言語や教育，食文化が引きつがれている国が多い。
● アフリカ〜ヨーロッパ間の航空路線が多く，アフリカからヨーロッパへ働きに行く人，移民，ヨーロッパからアフリカへ旅行する人が多い。

CHECK! 確認したら✓を書

③ 特定の輸出品に頼るアフリカの経済

ポイント　アフリカでは特定の農産物や鉱産資源の輸出に頼るモノカルチャー経済の国が多く，輸出量が天候や国際関係に左右されるため，国の収入は不安定である。開発によって従来の生活が奪われることも問題である。

教科書ナビ ／ 徹底解説

○88ページ 12行め
アフリカは**鉱産資源**に恵まれており，(…)。

〔鉱産資源〕
原油，天然ガス，石炭などのエネルギー資源や鉄，銅などの金属資源など，地下に埋蔵されている有用な鉱物資源のこと。アフリカは鉱産資源が豊富で，南アフリカ共和国の金，ボツワナのダイヤモンド，ザンビアの銅などは，重要な輸出物となっている。

○88ページ 17行め
(…) 部品などにも使われる**レアメタル**が注目され，(…)。

〔レアメタル〕
埋蔵量が非常に少ない金属や，純粋なものを取り出すことが技術的・経済的に難しい金属の総称。携帯電話の電池などに使われるリチウムをはじめ，プラチナ，コバルト，マンガンなどで，コンピュータや携帯電話，自動車などの生産に欠かすことができない。

○89ページ 3行め
(…) 特定の農産作物や鉱産資源の輸出に頼った**モノカルチャー経済**の国となっています。

〔モノカルチャー経済〕
特定の農産物や鉱産資源の生産や輸出に偏っている経済のこと生産量や国際価格の変動によって，国全体の経済が左右されやすい。「モノ」とは一つ，「カルチャー」は耕作という意味で，単一耕作（モノカルチャー）という言葉がつくられた。

教科書の答えをズバリ！

資料活用 p.89　カカオ豆の国際価格の変動幅

最高値は最安値の約3倍の価格である。

確認しよう p.89　ボツワナ，ザンビア，ナイジェリアの特定輸出品

- ボツワナ…ダイヤモンド
- ザンビア…銅，レアメタル
- ナイジェリア…原油，天然ガス

説明しよう p.89　特定の産物の輸出に頼りすぎることの問題

例　特定の産物に頼りすぎると，天候不順や国際価格の変動の影響で輸出から得られる国の収入が不安定になる。

▲アフリカの主な鉱産資源
(Diercke Weltatlas 2008，ほか)

④ アフリカが抱える課題とその取り組み

> **ポイント** アフリカは、栄養不足や病気、都市環境の未整備、ごみやスラム、農作物の栽培数や産業の少なさなど多くの課題を抱えている。先進国はNGOなどを通じて、さまざまな技術支援、開発援助を行っている。

教科書ナビ

●90ページ 4行め
(…) 干ばつや砂漠化などの影響によって**食料不足**が頻繁に発生し、(…)。

●91ページ 12行め
このほかにも、**非政府組織（NGO）**による保健・医療活動(…)。

徹底解説

🔍 **【食料不足】**
発展途上国では、人口の増加に主食となる作物の生産が追いつかず、食料不足が生じることがある。また、干ばつや砂漠化など、気候や環境の変化によって農作物が十分に育たず、食料不足となることもある。

🔍 **【非政府組織（NGO）】**
政府間の協定によらず、民間人や民間団体のつくる組織。活動の場は国内、国際の両方がある。社会、文化、教育、人権、平和、開発などの分野で貢献し、営利を目的としていない。

教科書の答えをズバリ!

資料活用 p.90 食料が不足し、栄養不足人口の割合が高い地域

アフリカ州が最も高く、次いでアジア州、北アメリカの南部、南アメリカで高い。

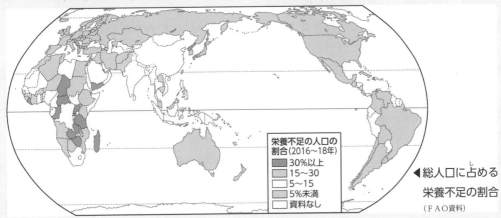

栄養不足の人口の割合(2016〜18年)
- 30%以上
- 15〜30
- 5〜15
- 5%未満
- 資料なし

◀総人口に占める栄養不足の割合
（FAO資料）

確認しよう p.91 アフリカで問題となっていること

● アフリカの多くの国では、人口増加や干ばつなどの自然災害の影響による食料不足が頻繁に発生していること。

● 急激な都市化により人口が集中し、環境問題・衛生問題が起きている。

説明しよう p.91 アフリカ州の国々の発展に必要な支援の在り方

例 国の産業が発展するのに必要な道路や鉄道、港などが整っていない国が多く、また教育や訓練を受けた人材も不足している。アフリカ州の国々が自立し、発展していくためには、道路などの整備はもちろん、技術支援、開発援助とった形での人材育成を行っていくことも大切である。

 節の学習を振り返ろう

アフリカ州

1 学んだことを確かめよう

1 　A…エジプト　　B…コートジボワール　　C…ガーナ　　　D…ナイジェリア
　　E…ケニア　　F…南アフリカ共和国

2 　ⓐサハラ（砂漠）　ⓑナイル（川）　ⓒエチオピア（高原）　ⓓコンゴ（盆地）

3 　①カカオ豆　②熱帯林　③いも類　④国境　⑤輸出　⑥モノカルチャー
　　⑦アパルトヘイト（人種隔離政策）　⑧レアメタル　⑨アラビア　⑩イスラム

写真を振り返ろう

　　⑦鉱産資源　　　④モノカルチャー経済　　　⑦砂漠化　　　④非政府組織（NGO）

2 「地理的な見方・考え方」を働かせて説明しよう

ステップ1　州の特色と課題を整理しよう

① 　**例**　・赤道付近の熱帯は熱帯林が広がり，カカオなどの栽培に適している。
　　　　　　・ダイヤモンド，銅，原油などの鉱産資源に恵まれている。

② 　**例**　ヨーロッパ諸国が，資源を目的に植民地化し，持ち込んだカカオなどの輸出向けの農
　　　　産物を栽培させた。

ステップ2　「節の問い」への考えを説明しよう

作業1 　**例**　熱帯の気候に適した特定の農作物を，ヨーロッパ人が植民地時代に輸出用として
　　　　　　大量に栽培させていた歴史があるため。

作業2 　**例**　特定の農作物の**国際価格**が下がると，輸出から得られる国の収入が減る。また，
　　　　　　国民の主食となる農作物の生産が追いつかず，**食料不足**が発生する。

ステップ3　持続可能な社会に向けて考えよう

作業1 　**例**　農業や鉱産業以外の産業がない。

作業2 　**例**　栽培する農作物の種類を増やしたり，工業や観光業などほかの産業を発展させる
　　　　　　必要がある。

作業3 　**例**　アフリカ州でも消費でき，輸出もできるような作物を開発するなどして，国の経
　　　　　　済と国民の生活の両方が安定するしくみを探る必要がある。私たちは，フェアトレー
　　　　　　ド商品を購入したり，NGOの取り組みに協力するよう心がけることが大切である。

私たちとの関わり

　例　・チョコレート（ガーナ，エチオピア）　　・紅茶（ケニア）
　　　　・コーヒー（エチオピア，ケニア）　　　　・バナナ（エクアドル）
　　　　・スパイス（マダガスカル）

おさらい！ 第2部 第2章

CHECK!

確認したら✓を書こう

教科書
66
〜
93
ページ

第2部

第2章

一問一答ポイントチェック

答　え

第2節
p.66〜

ヨーロッパ州

❶ヨーロッパを南北に分けている山脈を何というか？

❷ライン川やドナウ川のように複数の国を流れ，沿岸国の船が自由に航行できる河川を何というか？

❸スカンディナビア半島などに見られる氷河によって削られた地形を何というか？

❹ヨーロッパ大陸に向けて大西洋を北上する暖流を何というか？

❺❹の上空を吹く，ヨーロッパを緯度のわりに温暖な気候にしている風を何というか？

❻イギリスやドイツなどで信仰する人が多いキリスト教の宗派は何か？

❼イタリアやスペインなどで信仰する人が多いキリスト教の宗派は何か？

❽ヨーロッパの民族と言語を三つに分けると，およそのように分けられるか？

❾ヨーロッパの国がアメリカなどの大国に対抗してまとまるために1993年に結成した組織を何というか？

❿❾の組織が導入している共通通貨を何というか？

⓫小麦などの作物栽培と豚や牛などの家畜の飼育を組み合わせた農業を何というか？

⓬乳牛を飼い，バターやチーズなどを生産する農業は何か？

⓭夏は乾燥に強いオリーブやオレンジを，雨の降る冬は小麦を栽培する農業を何というか？

⓮国内で消費する食料のうち，国内産で賄える割合のことを何というか？

⓯医薬品や航空機などヨーロッパで成長している産業は何か？

⓰ユーラシア大陸をヨーロッパとアジアに分ける山脈は何か？

第3節
p.82〜

アフリカ州

⓱エジプトを通って地中海にそそぐ世界最長の川を何というか？

⓲熱帯地域で雨季と乾季のあるアフリカ東部に広がり，低い木がまばらに生える草原を何というか？

⓳他の国に支配され，権利を本国に奪われた国や地域を何というか？

⓴埋蔵量が非常に少ない金属や純粋なものを取り出すことが難しい金属の総称を何というか？

㉑特定の農作物や鉱産資源の輸出に頼る経済を何というか？

❶アルプス山脈

❷国際河川

❸フィヨルド

❹北大西洋海流

❺偏西風

❻プロテスタント

❼カトリック

❽ゲルマン系・ラテン系・スラブ系

❾ヨーロッパ連合（EU）

❿ユーロ

⓫混合農業

⓬酪農

⓭地中海式農業

⓮食料自給率

⓯先端技術産業

⓰ウラル山脈

⓱ナイル川

⓲サバナ

⓳植民地

⓴レアメタル

㉑モノカルチャー経済

① 北アメリカ州の自然環境

ポイント 北アメリカ州には北アメリカ大陸の国々と西インド諸島の国々がある。アメリカ合衆国の西経100度の東側は温暖湿潤で，西側は乾燥し砂漠気候もみられる。太平洋岸のカリフォルニア州は地中海性気候である。

教科書ナビ

◎96ページ 7行め
二つの山脈の間には，高原状の大平原であるグレートプレーンズや，（…）。

◎96ページ 9行め
（…）メキシコ湾岸からカナダにかけてプレーリーとよばれる大草原が広がり，（…）。

◎97ページ 3行め
（…），その南から五大湖周辺にかけては亜寒帯（冷帯）が広がります。

徹底解説

🔍 **〔グレートプレーンズ〕**
アメリカ合衆国からカナダ中部にかけてロッキー山脈の東に広がる高原状の平原。年間の降水量が500mm前後で，主に牛の放牧が盛んなほか，かんがいによる小麦の栽培も行われている。

🔍 **〔プレーリー〕**
ミシシッピ川の西，グレートプレーンズの東側に広がる草原。グレートプレーンズより降水量が多く，丈の長い草が生え，農地として利用されている。

🔍 **〔五大湖〕**
アメリカ合衆国とカナダの国境付近に位置する五つの湖の総称。西側からスペリオル湖，ミシガン湖，ヒューロン湖，エリー湖，オンタリオ湖で，エリー湖とオンタリオ湖の間には高低差があり，ナイアガラの滝がある。

教科書の 答え をズバリ！

資料活用 p.96 ニューヨークと緯度が同じくらいの日本の県

岩手県・秋田県

ニューヨークの近くを通る北緯40度の緯線が両県を通っている。

確認しよう p.97 日本列島の長さとロッキー山脈，アパラチア山脈の長さ

- 日本列島の長さ…約3000km
- ロッキー山脈の長さ…約4800km
- アパラチア山脈の長さ…約2600km

説明しよう p.97 アメリカ合衆国の気候の特色

例 西経100度より東側は降水量が多く温暖，湿潤な気候で，西側は乾燥し，西へ行くほど降水量が少なくなり砂漠気候もみられる。太平洋岸のカリフォルニア州は温暖で夏に降水が少ない地中海性気候である。

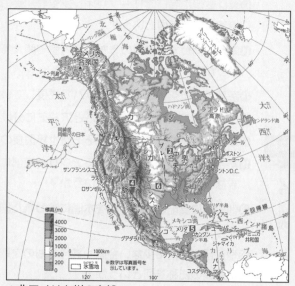

▲北アメリカ州の自然

② 移民の歴史と多様な民族構成

ポイント
ネイティブアメリカンが住む北アメリカには，17世紀以降のヨーロッパからの移民や，続いてアフリカからの奴隷，ヒスパニックなどが住んでいる。多様な異文化が触れ合い，新しい文化が生まれている。

教科書ナビ

○98ページ 7行め
北アメリカにはもともとネイティブアメリカンとよばれる先住民が住んでいました。

○98ページ 12行め
それらの植民地には，ヨーロッパから大勢の移民がやってきました。

○99ページ 7行め
アフリカから連れてこられた奴隷は，西インド諸島の（…）。

○99ページ 12行め
（…）移住してくるヒスパニックとよばれるスペイン語を話す人々が増えています。

徹底解説

🔍 【ネイティブアメリカン】
北アメリカ大陸に古くから住んでいる先住民。アメリカインディアンやカナダ北部のイヌイットなどの人々を指す。

🔍 【移民】
自国を出て他国に移り住む人々のこと。16世紀にスペイン人がメキシコに，17世紀以降はイギリスやフランスが北アメリカ大陸の大西洋沿岸に植民地をつくり，ヨーロッパから大勢の人々が移り住んだ。

🔍 【奴隷】
人間としての権利，自由を認められず，労働のために売買された人々。アメリカ合衆国では，19世紀中ごろまで，アフリカから連れてこられた奴隷が主に南部の大農場で，綿花やたばこ栽培の労働力として使われた。南北戦争中のリンカーン大統領による奴隷解放宣言，その後の憲法修正によって法的な自由が保障された。

🔍 【ヒスパニック】
メキシコやカリブ海諸国，南アメリカ州のスペイン語が話される地域からアメリカ合衆国へ移住してきた人々のことで，近年，増加している。人種や民族ではない。

教科書の 答え をズバリ！

資料活用 p.99 フロリダ州とニューオーリンズの位置（右図）

確認しよう p.99 アメリカ合衆国の人種・民族構成の特色

アメリカ合衆国では，ヨーロッパ系の人々が約70%と最も多く，次いでアフリカ系，アジア系が占める。「ヒスパニック」は人種・民族ではないのでグラフに含まれていないが，人口としては約18%とヨーロッパ系の次に多い。地域分布を見ると，アフリカ系の人々は南東部の地域に多く，アジア系の人々は東部と西部，ヒスパニック系の人々は中南部と西部の地域に多い。

凡例：
アフリカ系の人々が20%以上の州
アジア系の人々が5%以上の州
ヒスパニックの人々が20%以上の州
上記のいずれにもあてはまらない州

▲アメリカ合衆国の人種・民族分布

説明しよう p.99 北アメリカ州に多様な民族が集まったことによる変化

例 北アメリカ州でアフリカとヨーロッパの民族が出会ったことで，ジャズなど新しい文化が生まれた。

③ 大規模な農業と多様な農産物

> **ポイント** アメリカ合衆国は，広大な土地を利用した適地適作の農業によって，多様な農作物を大量に生産，輸出している。アメリカ合衆国は世界の食料庫とよばれ，アグリビジネスを行う巨大企業がそれを支えている。

教科書ナビ

◎100ページ 7行め
（…）利益を上げることを目的とした**企業的な農業経営**が多くなっています。

◎100ページ 11行め
（…）自然環境に合わせた**適地適作**の農業が行われています。

◎100ページ 14行め
（…）降水量が少なく牧草地として利用され，肉牛の**放牧**が盛んです。

◎101ページ 14行め
（…）農業に関連することを専門に扱う**アグリビジネス**を行っている（…）。

徹 底 解 説

【企業的な農業経営】
農産物の販売で利益を上げることを目的とし，広大な土地や機械に資本を投入して効率的に生産性を上げる農業経営のこと。

【適地適作】
地域の気候や土壌などの自然環境に合った作物を栽培すること
アメリカ合衆国では，西経100度付近から西側の乾燥地域では肉牛の放牧が行われ，西経100度付近の年間降水量500mm前後の地域では小麦，東側の中央平原の北部ではとうもろこしや大豆，南部では綿花が栽培されている。また，北の五大湖の周辺地域では乳牛を飼う酪農が行われている。

【放牧】
牛や羊などの家畜を，牧場や草地で放し飼いにして育てる牧畜
放牧は草原などで行われ，家畜は野外で自然の草を食べて運動もするので，健康に育つ。アメリカ合衆国では，西経100度より西側の地域で肉牛の放牧が盛んである。肉牛は，放牧地で1〜2年ぐらい放牧され，出荷前に集められて大規模な肥育場（フィードロット）で栄養の高いえさを与えられ，肉質をよくしてから出荷される。

グレートプレーンズ	豊富な地下水を利用して小麦・とうもろこしを栽培。
カリフォルニア州	温暖な気候を利用して果樹・野菜を栽培。
大西洋岸・五大湖周辺	冷涼な気候と大都市近郊の立地を生かして酪農が盛ん。
南部	綿花が栽培されてきたが，現在は燃料・飼料用の大豆・とうもろこしの栽培が盛ん。

【アグリビジネス】
アグリカルチャー（農業）とビジネスを合成した言葉で，農産物の生産，加工，運送，販売など農業に関連することを専門に扱う農業の総称。気象や作付けの情報提供，農作物の種子の開発，農作物の流通から販売などを行う。

○101ページ 15行め ……
その中でも，穀物メ
ジャーは主に穀物を扱
う巨大企業で（…）。

🔍 〔穀物メジャー〕

アメリカ合衆国のアグリビジネスを行う企業の中で，穀物を取り扱う特に大きな数社の企業。世界の穀物の取引量で大きな割合を占め，農作物の生産量や価格に大きな影響力をもち，国際流通を支配している。

教科書の 答え をズバリ！

資料活用 p.100　**アメリカ合衆国と日本の農業の規模**

	アメリカ合衆国	日本
1人あたりの耕地面積 (ha)	60.5ha	1.7ha
1人あたりの穀物収量 (t)	185.9 t	4.8 t

日本より少ない人数で大量に生産している。

確認しよう p.101　**西経100度を境としたアメリカ合衆国の農業の違い**

とうもろこしや大豆などは，西経100度付近から東側の降水量が比較的多い地域を中心に栽培されている。西経100度から西側は，降水量が少なく牧草地として利用され，肉牛の放牧が盛んである。

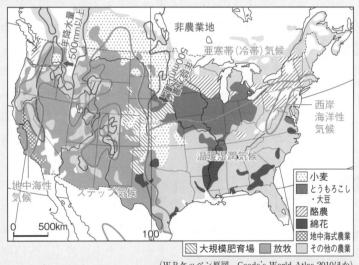

（W.P.ケッペン原図，Goode's World Atlas 2010ほか）

説明しよう p.101　**アメリカ合衆国が農産物を大量に輸出できる理由**

例　**広大な土地**で大型機械を用いて大量に農作物を栽培し，自然環境に合わせた**適地適作**によって，多くの種類の農作物を栽培しているから。

④ 世界をリードする工業

ポイント アメリカ合衆国では大量生産方式で自動車工業が成長した後，先端技術産業が盛んになり世界の工業をリードしてきた。今後はシェールガス開発が進み，世界のエネルギー供給に影響を与えていくと考えられる。

教科書ナビ

◎102ページ 8行め
　19世紀以降の**ピッツバーグ**では，これらの鉱産資源を利用して（…）。

◎102ページ 10行め
　20世紀には，鉄鋼を材料とする自動車の生産が**デトロイト**で始まり（…）。

◎102ページ 11行め
　（…）流れ作業を用いた**大量生産方式**による自動車工業が成長し，（…）。

◎103ページ 2行め
　（…）高い収益をもたらす先端技術産業に力を注ぐように（…）。

◎103ページ 5行め
　（…）サンフランシスコなどの都市がある**サンベルト**とよばれる（…）。

◎103ページ 8行め
　（…）カリフォルニア州の**シリコンバレー**には，先端技術産業の研究拠点となっている名門大学を中心として，（…）。

徹底解説

🔍 【ピッツバーグ】
五大湖の一つ，エリー湖の東側に位置する都市。周辺で産出される鉱産資源を利用した鉄鋼業で発展した。近年は先端技術産業が盛んで，ICT関連企業が増えている。

🔍 【デトロイト】
エリー湖の西側に位置する都市。20世紀に鉄鋼を材料とする自動車工業で発展した。20世紀後半に起きた，アジア諸国との激しい国際競争の中で，自動車工業は衰退していった。

🔍 【大量生産方式】
規格化された製品を連続的に大量に生産すること。流れ作業（コンベアー）を用いた生産設備によって生産工程を単純化することで，生産性を上げる生産様式を指す。

🔍 【先端技術産業】
高度な技術や最先端の技術を利用して工業製品などを生産，加工する産業の総称。航空機や人工衛星などの航空宇宙産業，コンピュータや半導体などの電子工業，セラミックスや光ファイバーなどの新素材産業，バイオテクノロジーを利用した産業などがある。

🔍 【サンベルト】
アメリカ合衆国の北緯37度より南の地域のことで，西の太平洋岸から東のメキシコ湾沿岸まで帯状に広がる。気候が温暖であることに加え，地価が安くて広い土地が得やすいこと，労働力が豊富であることから，1970年ごろから工場の進出が進んだ。先端技術産業もこの地域で発達した。

🔍 【シリコンバレー】
太平洋岸のサンフランシスコ郊外のサンノゼ周辺にある世界最大のコンピュータ関連産業が集まる工業地帯。シリコンがIC（集積回路）生産に欠かせないことからこの名が付く。先端技術産業に関わる大学や研究機関，情報通信技術（ICT）関連の企業が集中し，高度な技術の開発が進められている。

○103ページ 18行め
（…）天然ガスの一
種である**シェールガス**
の開発が進み，（…）。

🔍 〔シェールガス〕
天然ガスの一種で，泥土が堆積した頁岩層に含まれている。採掘が難しく，費用がかかるので，これまで放置されていたが，アメリカ合衆国で技術が開発され，これまでより安い費用で採掘が可能になったことから増産され，新しい資源として世界的に注目されている。

教科書の\答え/をズバリ！

資料活用 p.103 アメリカ合衆国とカナダにおいて自動車産業，航空機産業の盛んな地域

● 自動車産業…デトロイト，トロントなど五大湖周辺

● 航空機産業…フロリダ州，ヒューストン，シアトル，ロサンゼルス，フェニックス，
　　　　　　　アトランタなどのサンベルトに点在

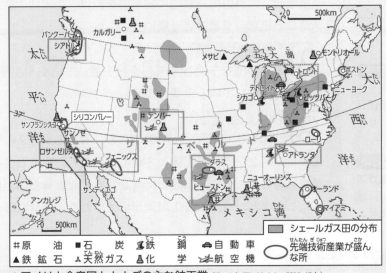

▲アメリカ合衆国とカナダの主な鉱工業 （Goode's World Atlas 2010, ほか）

確認しよう p.103 携帯端末のソフトウェア企業に占めるアメリカ合衆国の割合

携帯端末のソフトウェア企業の上位
2社，グーグル社，アップル社はアメ
リカ合衆国の企業であり，その割合は
約98％である。

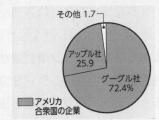

その他 1.7
アップル社 25.9
グーグル社 72.4%
■ アメリカ合衆国の企業

▲世界で使われている携帯端末のソフトウェアの企業別割合

(2017年)(Stat Counter)

説明しよう p.103 アメリカ合衆国で先端技術産業が盛んになった背景

例　アメリカ合衆国は鉄鋼や自動車産業における国際競争において遅れをとったため，航空宇宙産業やコンピュータ関連産業など高い収益をもたらす先端技術産業に力を注ぎ研究機関がつくられた。また，**サンベルト**といわれる北緯37度より南の地域は，気候が温暖で，土地が安く，石油資源や労働力が豊富であったため，産業が発達しやすかった。

⑤ アメリカ合衆国にみる生産と消費の問題

ポイント アメリカでは大量生産・大量消費の生活様式が浸透し，多国籍企業の進出によって他国にも広まったが，廃棄物処理や地球温暖化などの問題から，持続可能な社会に向けたしくみへの転換が求められている。

教科書ナビ

● 104ページ 4行め
（…）自動車の大量生産によって世界で最初に**車社会化**がはじまり（…）。

● 104ページ 6行め
（…）広い駐車場をもつ巨大な**ショッピングセンター**がつくられ（…）。

● 104ページ 15行め
多くの国に販売や生産の拠点をもつ**多国籍企業**の進出とともに，（…）。

● 105ページ 12行め
（…）温室効果ガスの排出量が増加し，**地球温暖化**が進むと考えられています。

徹底解説

🔍 **【車社会化】**
生活する上で，自動車が欠かせなくなること。日常的に自動車を使う生活が人々に浸透し，高速道路や広い駐車場などが整備される

🔍 **【ショッピングセンター】**
郊外の人口が増え，車社会化が進んだことで生まれた集合的な商業施設。郊外の広い敷地に駐車場を設け，小売店，飲食店，サービス業など複数の業種の店を集める。

🔍 **【多国籍企業】**
多くの国に子会社や系列会社を置いて販売や生産の拠点とし，世界的に活動している企業のこと。

🔍 **【地球温暖化】**
地球全体で気温が上昇すること。温室効果ガスといわれる二酸化炭素やメタンガスの影響とされる。産業の発達で石炭や原油の消費量が急増したことや，二酸化炭素を吸収する森林が開発によって減少したことなどから，二酸化炭素が増えており，地球温暖化の進行が心配される。

教科書の答えをズバリ！

資料活用 p.105 日本，アメリカ合衆国，EU諸国の廃棄物の処分方法

日本…約8割を燃焼，約2割をリサイクルで処分。

アメリカ合衆国…約5割を埋め立て，約3割をリサイクルで処分。

EU諸国…約5割をリサイクル，約5割を埋め立てで処分。

資料活用 p.105 1人あたりのガソリン消費量が多いのはどのような国・地域か

最もガソリンの消費量が多い国は，アメリカ合衆国，次いでカナダ，サウジアラビア，リビア。地域でみると，北アメリカ州が最も多く，ヨーロッパ州，オセアニア州が多い。

確認しよう p.105 私たちの生活にみられるアメリカ合衆国から入ってきた生活様式

車社会，ショッピングセンター，ファストフード店，通信販売，オンラインショッピング，カジュアル衣料（ジーンズ，Tシャツなど），清涼飲料水（コーラなど）などから三つ。

説明しよう p.105 アメリカ合衆国の生活様式がもつ持続可能な社会を目指す上での課題

例 アメリカ合衆国の大量生産，大量消費の生活様式では，廃棄物が多く，埋め立て処分場にも限界があり有害物質の出る心配がある。また，車社会の生活では，ガソリンの消費が多く，地球温暖化を進めると考えられる温室効果ガスが増える。

節の学習を振り返ろう

CHECK! 😊
確認したら✓を書こう

教科書
106〜107ページ

第2部

第2章

第4節

北アメリカ州

1 学んだことを確かめよう

1　A…アメリカ合衆国　　　B…カナダ　　　C…メキシコ　　　D…キューバ
　　E…パナマ

2　@ロッキー（山脈）　　ⓑミシシッピ（川）　　ⓒアパラチア（山脈）　　ⓓ五大（湖）

3　①グレートプレーンズ　　②穀物メジャー　　③放牧　　④サンベルト
　　⑤シリコンバレー　　⑥ヒスパニック　　⑦自動車　　⑧チャイナタウン

写真を振り返ろう

⑦移民　　　　　ⓘ大量生産・大量消費　　　　　ⓤヒスパニック

1 「地理的な見方・考え方」を働かせて説明しよう

ステップ1　州の特色と課題を整理する

①例　●「世界の食料庫」として世界中に農作物を輸出
　　　●先端技術産業によって世界の工業をリード
　　　●大量生産・大量消費の生活様式が世界中に浸透

②例　●地域の気候や土壌などの自然環境に合わせた適地適作
　　　●収穫など農作業の多くをヒスパニックが担う
　　　●アグリビジネスを行う企業が生産や流通に影響

ステップ2　「節の問い」への考えを説明する

作業1　例　地域の気候や自然環境に合わせた適地適作によって農業が発展し，豊富な石油
　　　　　　資源と移民など安価な労働力に支えられた重工業，先端技術産業が発達してきた。

作業2　例　**適地適作**によって栽培された農作物と**大量生産方式**によって生産された工業製
　　　　　　品が大量に輸出され，大量消費の生活様式も世界中に広まった。

ステップ3　持続可能な社会に向けて考える

作業1　例　大量消費の生活様式では資源が大量に消費され，廃棄物が大量に排出される。

作業2　例　ごみの分別を進めたり，食料品の廃棄を減らすしくみをつくったりして資源を
　　　　　　大切にする必要がある。

作業3　例　大量消費とは大量にものを購入する生活様式である。ものを購入する際には，
　　　　　　量や内容が適切であるかよく考える必要がある。

私たちとの関わり

日本の資源自給率

　原油…0.3%　　　石炭…0.5%　　　鉄鉱石…0.0%　　　液化天然ガス…2.3%

私たちの生活のなかで大量消費しているもの

　例　衣料品，食料品，プラスチック容器，包装容器など。

① 南アメリカ州の自然環境

CHECK!

確認したら✓を書こう

ポイント 南アメリカは日本からみて地球の反対側にある。熱帯から寒帯までがみられ，標高6000m以上の山が連なる<u>アンデス</u>山脈，アマゾン川流域の熱帯林，ラプラタ川河口のパンパ，南端には氷河がある。

教科書ナビ

◉110ページ 2行め
大陸の太平洋側には，6000mを超える山々がそびえる**アンデス山脈**が（…）。

◉110ページ 8行め
アマゾン川は，ナイル川に次ぐ世界で2番目に長い河川で，赤道の近くを西から東へ流れています。

◉111ページ 3行め
アマゾン川流域には世界最大の**熱帯林**が広がり，数多くの動植物が生息しています。

◉111ページ 11行め
（…）ラプラタ川の河口付近には**パンパ**とよばれる大草原が広がります。

徹底解説

🔍 **〔アンデス山脈〕**
南アメリカ大陸の太平洋側に南北に連なる世界最長の山脈。北緯10度あたりから赤道を越えて南緯55度あたりまで，7500kmに渡って延びており，標高<u>6000m</u>を超える山々がそびえている。アンデス山脈が通っている国は，ベネズエラ，コロンビア，エクアドル，ペルー，ボリビア，チリ，アルゼンチンの7か国である。

🔍 **〔アマゾン川〕**
<u>ナイル川</u>に次いで世界第2位の長さの河川で，<u>流域面積</u>は世界最大である。アンデス山脈を源流とし，南アメリカ大陸の北部を西から東へ流れて大西洋に注ぐ。

🔍 **〔熱帯林〕**
<u>熱帯</u>の地域に広がり，1年中緑の葉が茂っている森林のこと。南アメリカのアマゾン川流域のものは世界最大の規模である。赤道付近の東南アジアの島々，アフリカのコンゴ盆地にも広がる。

🔍 **〔パンパ〕**
アルゼンチンの首都ブエノスアイレスを中心に広がる<u>温帯</u>の大草原。小麦やとうもろこしの栽培と肉牛の放牧が行われている。パンパとは，先住民のケチュア語で「木のない草原」という意味である。

教科書の 答え をズバリ！

資料活用 p.110 **アマゾン川の流域面積と日本列島の面積**
アマゾン川の流域面積は705万km²で，日本列島の面積（37.8万km²）の約19倍

資料活用 p.110 **マナオスの位置**（右図の通り）

確認しよう p.111 **アマゾン川の始まり**（右図の通り）

説明しよう p.111 **南アメリカ州の主な気候**

例 **熱帯雨林気候**…赤道周辺の標高の低いアマゾン川流域に分布。世界最大の熱帯林が広がる。
温暖湿潤気候…アルゼンチンの中部に分布。ラプラタ川の河口付近にはパンパとよばれる大草原が広がる。 **西岸海洋性気候**…チリ南部に分布。

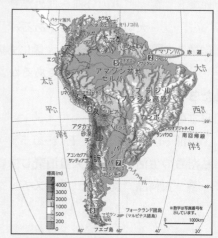

▲南アメリカの自然

第2部　第2章　第5節　南アメリカ州

CHECK!
確認したら✓を書こう

教科書
112
〜
113
ページ

第2部　第2章　第5節

② 多様な民族・文化と人々の生活

ポイント　先住民の文明のあった南アメリカには植民地本国のヨーロッパの人々，奴隷として連れてこられたアフリカ系の人々，アジアからの移民など多様な人種・民族が共存し，独自の文化が生み出されている。

教科書ナビ

●112ページ 1行め
（…）インカ帝国に代表されるように，先住民がつくった（…）。

●112ページ 4行め
彼らは先住民の文明を滅ぼして植民地をつくり，（…）。

●112ページ 8行め
先住民やアフリカから連れてこられた奴隷が（…）。

●113ページ 9行め
（…）木の実などの採集や焼畑農業，（…）。

徹底解説

🔍 **【先住民】**
その地域に古くから住んでいる民族。ほかの地域から移ってきた人々によって圧迫される場合もある。アンデス山脈の先住民はコロンビアからチリまで広がるインカ帝国を築いたが，16世紀にスペイン，ポルトガルなどによって滅ぼされ，一帯は植民地とされた。

🔍 **【植民地】**
ほかの国（本国）に支配された国や地域。さまざまな権利が本国に奪われ，本国で使用する原料などを得るための場所として，本国の人々によって土地や資源が開発された。南アメリカの多くの地域は，19世紀まで，スペインやポルトガルなどの植民地だった。

🔍 **【奴隷】**
労働力などとして自由を奪われた人々。16世紀から19世紀半ばごろまで，アフリカから1000万人以上の人々が奴隷として南北アメリカ大陸に運ばれた。南アメリカでは，これらの人々や先住民が，大農場や鉱山で働かされていた。

🔍 **【焼畑農業】**
森林や草原を焼き払い，その灰を肥料としていも類などを栽培する伝統的な農業のこと。数年たつと土地がやせて，作物が育たなくなるため，場所を移動する。アマゾン川流域の熱帯林などで行われる。

教科書の\答え/をズバリ!

資料活用 p.112　ヨーロッパ系の人種・民族，先住民の割合が多い国
- ヨーロッパ系人種・民族…アルゼンチン（86%），ブラジル（48%）
- 先住民…ボリビア（55%），ペルー（52%）

確認しよう p.113　南アメリカ州の国々で使用されている主な言語
- スペイン語…アルゼンチン，ペルー，コロンビアなど
- ポルトガル語…ブラジル

説明しよう p.113　南アメリカ州で独自の文化や多様な民族がみられる背景

例　南アメリカ州の国々はヨーロッパ諸国の植民地であったため，ヨーロッパの人々により言語や宗教などの文化がもち込まれた。また，奴隷として連れてこられたアフリカ系の人々やアジアからの移民によってさまざまな文化が混ざり合い，独自の文化が生まれた。

CHECK!

確認したら✓を書く

③ 大規模化する農業と成長する工業

ポイント
南アメリカ州では大規模な農業が見られる。ブラジルはモノカルチャー経済だったが，近年は土壌・品種改良によって栽培できる農作物が増え，アルゼンチンと共に外国企業を受け入れて工業化が進んでいる。

教科書ナビ

◎114ページ 3行め
（…）ブラジルではさとうきびやコーヒーの栽培が，アルゼンチンのパンパでは（…）。

◎114ページ 4行め
（…）アルゼンチンのパンパでは小麦の栽培や牛肉の放牧が盛んに（…）。

◎114ページ 6行め
（…）多国籍企業が経営するプランテーションで，（…）。

◎114ページ 8行め
ブラジルは長い間，コーヒー豆の輸出に依存したモノカルチャー経済の国でしたが，

◎114ページ 13行め
（…）アメリカ合衆国などのアグリビジネスを行う企業に（…）。

◎115ページ 1行め
南アメリカは鉱産資源に恵まれており，（…）。

◎115ページ 9行め
（…）大規模な海底油田の採掘も行われるようになり，（…）。

徹底解説

🔍 **〔さとうきび〕**
砂糖の原料となる植物。温暖な地域での栽培が適しており，ブラジルやインドなどで多く生産される。日本では，沖縄県や鹿児島県の奄美大島での栽培が盛ん。ブラジルでは，バイオ燃料の原料としても盛んに生産されている。

🔍 **〔アルゼンチン〕**
南アメリカ大陸の南部に位置する国で南アメリカではブラジルに次いで大きい。西にアンデス山脈，東にパンパが広がり，国土の多くが温帯か乾燥帯である。スペインから独立しており，ヨーロッパ系白人が多い。

🔍 **〔プランテーション〕**
大規模な商業的農園。多くは植民地時代にヨーロッパ人が資本や技術を提供して，現地の人々や移民の安い労働力を利用して商品作物を大量に栽培したのが始まり。世界中に輸出する目的で，コーヒー，バナナなど熱帯特産の農作物を栽培する。

🔍 **〔モノカルチャー経済〕**
特定の農作物や鉱産資源の生産や輸出に偏っている経済のこと。ブラジルの経済は近年までコーヒー豆に依存していた。

🔍 **〔アグリビジネス〕**
アグリカルチャー（農業）とビジネスを合成した言葉で，農産物の生産，加工，運送，販売など農業に関連することを専門に扱う産業の総称。気象や作付けの情報提供，農作物の種子の開発，農作物の流通から販売などを行う。アメリカ合衆国などの企業が多い。

🔍 **〔鉱産資源〕**
原油，天然ガス，石炭などのエネルギー資源や鉄，銅などの金属資源など，地下に埋蔵されている有用な鉱物資源のこと。ブラジルの鉄鉱石，チリの銅，ベネズエラやエクアドルの原油など，南アメリカは鉱産資源に恵まれている。

🔍 **〔海底油田〕**
海底に存在する油田のことで，主に海岸近くの大陸棚の中にある。ペルシア湾，メキシコ湾，北海などに多くみられる。ブラジル沖では2007年に大規模な海底油田が発見され，採掘が進められている。

○115ページ 18行め
（…）丘陵や河川敷などに**スラム**が形成されました。

🔍 〔スラム〕
急速に成長した都市部にできる環境（かんきょう）のよくない住宅街（じゅうたくがい）。安定した仕事や収入（しゅうにゅう）のない人々などが働く機会を求めて移住して急激（きゅうげき）に人口が増（ふ）えることで形成される。

教科書の\答え/をズバリ！

資料活用 p.114 **大型（おおがた）機械を使った収穫（しゅうかく）と手作業による収穫**

大型機械を導入（どうにゅう）したコーヒー農園では，機械やトラクターを動かす一人か二人だけで広大な敷地（しきち）での収穫作業が可能（かのう）であるが，機械を使っていない農園では十数人の人々が手作業で収穫を行う。

確認しよう p.115 **ブラジルの主な大豆（だいず）生産地域**

ブラジルの中部から南部において大豆の栽培（さいばい）が盛（さか）んである。

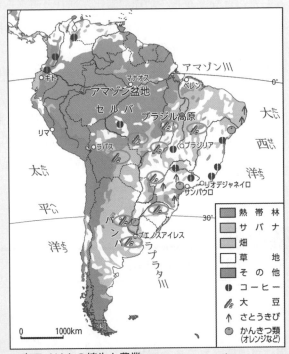

▲南アメリカの植生と農業 (Diercke Weltatlas 2008)

説明しよう p.115 **ブラジルの輸出農作物の種類が増え，工業化が進んだ背景（はいけい）**

例 ブラジルは，長い間コーヒー豆の生産・輸出に依存（いそん）したモノカルチャー経済（けいざい）だったが，土壌（どじょう）や品種の改良によって大豆やさとうきびなども大規模に栽培できるようになった。

アメリカ合衆国（がっしゅうこく）や日本などの外国企業（きぎょう）を受け入れることで，鉄鋼（てっこう）や自動車などの重化学工業が成長し，工業化が進んでいる。

④ ブラジルにみる開発と環境保全

ポイント ブラジルのアマゾン川流域で進む熱帯林開発では地球温暖化が心配されている。バイオ燃料開発など環境に配慮した取り組み自体も環境を崩すことがあり，開発と環境保全のバランスが求められている。

教科書ナビ

◉116ページ 5行め
例えば，鉱山を開発するために**熱帯林**が切り開かれ，（…）。

◉116ページ 16行め
（…）二酸化炭素の吸収量が少なくなり，**地球温暖化**が進む（…）。

◉117ページ 9行め
ブラジルでは，さとうきびを原料とする**バイオ燃料**で走る自動車が普及しており（…）。

徹底解説

🔍 **【熱帯林】**
アマゾン川流域は世界最大の規模だが，鉱山開発やダム建設など経済発展を目的とした大規模な伐採によって，森林が減少している。一度破壊されると，元に戻すのは難しいため，開発と環境保全の両立が課題とされている。

🔍 **【地球温暖化】**
地球全体で気温が上昇すること。産業の発達で石炭や原油の消費量が急増したことや二酸化炭素を吸収する森林が開発によって減少したことなどから，地球温暖化が進むと考えられている。気候変動や北極・南極の氷が解けて海面が上昇するなどの問題が心配されている。

🔍 **【バイオ燃料】**
さとうきびやとうもろこしなど，主に植物を原料としてつくられる燃料。燃やせば二酸化炭素を排出するが，原料の植物は光合成で二酸化炭素を吸収して酸素を出しているので，計算上はプラスマイナスゼロで二酸化炭素は増加したことにならない。一方，さとうきびの生産を増やすには新たな耕地の開発が必要となり，環境破壊につながるという一面も持ち合わせている。

教科書の 答え をズバリ！

資料活用 p.116 **アマゾンの森林伐採面積の累計**

2019年までのアマゾンの森林伐採面積の累計は約80万km²で，日本の面積（38万km²）の約2倍。

確認しよう p.117 **熱帯林が伐採されてきた目的**

鉱山の開発，鉄道や道路の建設，輸出用木材の切り出し，牧場や農地への転換など。

説明しよう p.117 **環境保全をめぐる新たな課題**

例 バイオ燃料の原料となるさとうきびを栽培するために行った農地開発によって，土地が雨で削れやすくなるなどの環境問題が起こっている。環境に配慮した取り組み自体がもともとの環境を崩してしまわないか，開発と保全のバランスをとることが課題となっている。

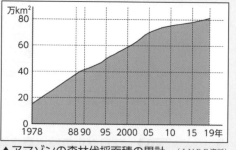

▲アマゾンの森林伐採面積の累計 （INPE資料）

節の学習を振り返ろう

CHECK! 確認したら✓を書こう

南アメリカ州

1 学んだことを確かめよう

1　A…ブラジル　B…アルゼンチン　C…チリ　D…ペルー　E…エクアドル
　F…ベネズエラ

2　ⓐアンデス(山脈)　ⓑアマゾン(川)　ⓒギアナ(高地)　ⓓブラジル(高原)　ⓔラプラタ(川)

3　①ヨーロッパ　②銅　③パンパ　④焼畑　⑤鉄鉱石　⑥大豆　⑦スラム

写真を振り返ろう

⑦先住民　⑦植民地　⑦アマゾン川　㊤モノカルチャー経済　㊦アグリビジネス

2 「地理的な見方・考え方」を働かせて説明しよう

ステップ1　州の特色と課題を整理する

①例
- 熱帯林の伐採により，二酸化炭素の吸収量が少なくなり地球温暖化の進行が心配される
- 熱帯林の伐採で貴重な動植物が絶滅したり，自然環境に適応した先住民の生活が脅かされることが心配される。
- 都市と農村の経済格差が広がった
- 農業の機械化で農作業の手間が省けるようになり，農村で職を失う人が出てきた
- 働く機会を求めて多くの人が都市に集まり，都市の人口が急増して居住環境の悪いスラムが形成された。

ステップ2　「節の問い」への考えを説明する

作業1　例　南アメリカ州は鉱山開発によって，鉄道，電力，通信などの施設が整備され，それにより都市化も進行してきた。

作業2　例　南アメリカ州では，大型機械を使って大規模に**熱帯林**を切り開くことで農地や鉱山の開発が行われたため，職を失って都市へ移動する人が現れた。都市では急激に人口が増え，居住環境の悪い**スラム**が形成されることとなった。

ステップ3　持続可能な社会に向けて考える

作業1　例　モノカルチャー経済から脱するため，農地や鉱山を求めて熱帯林の開発が進められている。

作業2　例　**ブラジル政府**の立場からすると，都市と農村との経済格差，スラム化，環境保護，先住民の生活の保護などに配慮した開発方法を探る必要がある。

作業3　例　環境を破壊してしまうと，元に戻すことはできない。先住民の生活を保護したり産業を発展させていくためにも，環境保護を最優先で考えるべきである。

私たちとの関わり

　日本はブラジルから鉄鉱石，コーヒー，とうもろこし，大豆などを輸入している。価格が高くても環境保護に配慮した鉱物，農作物を選ぶ姿勢も求められる。

第2部 第2章 第6節 オセアニア州

❶ オセアニア州の自然環境

ポイント オーストラリア大陸は3分の2が乾燥した草原か砂漠で，南東部, 南西部の温帯に人口が集中する。ニュージーランドは西岸海洋性気候で牧畜が盛ん。太平洋の島々は熱帯だが海風が湿気を和らげ過ごしやすい。

教科書ナビ

◯123ページ 1行め
（…）火山島や発達した**サンゴ礁**に取り囲まれた島々があります。

徹底解説

🔍 〔サンゴ礁〕

温かく浅い海に生息するサンゴの死骸や分泌物が長い時間をかけて積み重なってできた石灰質の岩のこと。水温25℃〜30℃ぐらいで水深20m〜40mより浅く，透明で日光が届く海域で形成され，太平洋に多く発達している。

教科書の\答え/をズバリ!

資料活用 p.123 南半球の夏の時期

- オセアニア州がある南半球では，北半球と夏と冬が逆になる。
- 右の雨温図で気温が高くなる夏は11月〜2月，気温が低くなる冬は6月〜8月と分かる。

オセアニア州の主な都市の雨温図▶
（理科年表2020，ほか）

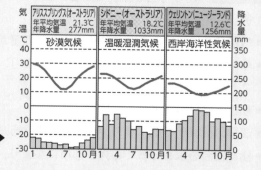

確認しよう p.123 オセアニア州の範囲

（右図の通り）

- オーストラリア大陸と太平洋の島々で構成される。

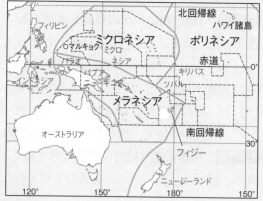

説明しよう p.122 オセアニア州の地形と気候の特色

例

- **オーストラリア大陸**…大陸の3分の2が乾燥した草原や砂漠。大陸南東部・南西部は温暖湿潤気候・地中海性気候で，人口の大部分が集まる。

- **ニュージーランド**…火山や温泉のある島国で，南島には氷河地形もみられる。西岸海洋性気候で一年中適度な雨が降るため，牧草がよく育ち，羊や牛の牧畜が盛ん。

- **太平洋の島々**…火山活動によってできた火山島やサンゴ礁に囲まれた島々からなる。雨の多い熱帯の気候だが，海からの風が湿気を和らげるため一年中過ごしやすい。

② 移民の歴史と多文化社会への歩み

ポイント イギリスなどの植民地だったオセアニア州の国々にはヨーロッパ文化の影響が残るが，近年はアジアなどからの移民も増え多文化社会へと変化している。先住民の地位や文化を尊重する努力も続けられている。

教科書ナビ

◯**124ページ 5行め**
（…）20世紀初めまでイギリスやフランスなどの**植民地**だった（…）。

◯**124ページ 7行め**
（…）18世紀後半にイギリスの植民地となった後，主にイギリスからの**移民**によって開拓が進められたので（…）。

◯**125ページ 3行め**
（…）さまざまな文化を互いに尊重し合う**多文化社会**へと大きく変化しました。

◯**125ページ 4行め**
オーストラリアの**公用語**は英語だけですが，英語によって（…）。

徹底解説

🔍 **【植民地】**
ほかの国（本国）に支配された国や地域。オセアニア州の多くの国々は，20世紀初めまで，イギリスやフランス，アメリカ合衆国の植民地だった。ニュージーランドやオーストラリアなどの国旗の中にイギリス国旗が描かれているのは，そのなごりである。現在でも，オーストラリアの国家元首は，イギリスの国王とされている。

🔍 **【移民】**
自分の国を出て他国に移り住む人々のこと。オーストラリアは，主にイギリスからの移民によって開拓が進められた。1970年代初めまでは「白人だけのオーストラリア」を目指す**白豪主義**という政策がとられ，ヨーロッパ以外からの移民は制限されていた。1970年代以降は，白豪主義は撤廃され，ヨーロッパよりも地理的に近いアジアやオセアニア各地からの移民が増加している。

🔍 **【多文化社会】**
一つの社会の中にさまざまな文化が存在し，互いの文化を尊重しあう社会。オーストラリアは，さまざまな国からの移民とその子孫によって構成されており，公用語は英語だが，英語以外の言語によるテレビ放送など，先住民も含むさまざまな文化に配慮した取り組みが進められている。

🔍 **【公用語】**
国が公の言葉として定めている言語。日本のように１つの言語を公用語としている国が多いが，複数の公用語を持つ国も少なくない。オセアニアのニュージーランドでは英語のほかに，先住民であるマオリの言語が公用語とされている。複数の言語を公用語に定めている国としては，北アメリカのカナダ（英語，フランス語），ヨーロッパのスイス（ドイツ語，フランス語，イタリア語，ロマンシュ語），アジアのインド（ヒンディー語，ほかに約20の言語，準公用語として英語）などがある。

●125ページ 11行め
アボリジニを中心とする先住民の人々も，多文化社会の大切な一員として（…）。

🔍 **〔アボリジニ〕**

オーストラリアの先住民。ヨーロッパからの移民によって土地を奪われ，植民地政策で人口が大きく減少した。現在は，社会的・経済的地位の向上や独自の伝統文化を尊重する運動が進められている。自然と人間の関係に独自の世界観をもち，オーストラリア大陸中央部にある巨大な一枚岩ウルル（エアーズロック）はアボリジニの聖地である。ウルルへの観光客の登山は2017年に禁止された。

●125ページ 15行め
（…）英語と共に先住民マオリの言語が公用語とされ，（…）。

🔍 **〔マオリ〕**

ニュージーランドの先住民。一時減少したマオリの人口は，やや回復して，全人口の16.5％（2018年ニュージーランド国勢調査）。イギリス系との混血もみられる。ニュージーランドでは英語と共にマオリの言語が公用語とされ，国会でもマオリの議席が確保されている。ラグビーのニュージーランド代表は試合の前に，マオリ文化のひとつ出陣の踊り「ハカ」を披露することで知られている。

教科書の答えをズバリ！

資料活用 p.124　アジアからの移民が増えた時期

アジアからの移民は1980年代くらいから急増している。ヨーロッパ以外からの移民を制限した政策である白豪主義が，1970年代初めに変更されたことによると考えられる。

確認しよう p.125　オーストラリアへ移住する人の出身地の変化

- 第二次世界大戦直後（1947年）

　大多数がイギリス・アイルランドからの移民である。

- 第二次世界大戦後（1961年）

　イタリア，ギリシャなどイギリス以外のヨーロッパからの移民が増加している。労働力不足解消のため。

- 白豪主義政策の撤廃後（1981年）

　アジアやオセアニアの国々からの移民が増加している。

▲オーストラリアに暮らす移民の出身地の変化 (Australian Bureau of Statistics)

説明しよう p.125　オーストラリアやニュージーランドにおける多文化に配慮した取り組み

例　オーストラリアでは，公用語である英語以外の言語によるテレビ，ラジオ放送，異文化理解のための外国語教育，先住民の社会的・経済的地位の向上や伝統文化を尊重するための努力が続けられている。ニュージーランドでは，先住民マオリの言語の公用語化，国会でのマオリの議席の確保などの取り組みが行われている。

③ 他地域と結び付いて発展する産業

ポイント オーストラリアでは，牛肉や鉄鉱石などの鉱産資源の輸出が盛ん。貿易相手はイギリスからアジア諸国へと変化している。オセアニアでは観光業も重要な産業で，アジアの国々と人の交流も増加している。

教科書ナビ

● 126ページ 16行め ……
（…）アルミニウムの原料となるボーキサイトなどの**鉱産資源**が豊富にあります。

● 127ページ 15行め ……
（…）アジア太平洋経済協力（APEC）などのつながりによって，（…）。

徹底解説

🔍**【鉱産資源】**
原油，天然ガス，石炭などのエネルギー資源や鉄，銅などの金属資源など，地下に埋蔵されている有用な鉱物資源のこと。オーストラリアには，鉄鉱石や石炭，アルミニウムの原料となるボーキサイトなどの鉱産資源が豊富にある。

🔍**【APEC】**
アジア太平洋経済協力（Asia Pacific Economic Cooperation）の略称。太平洋を取り囲む国々の経済発展をはかるため，協力して取り組みを進める会議。1989年に発足し，現在，日本，オーストラリア，アメリカ合衆国など太平洋を取り囲む21の国と地域が参加している。

教科書の\答え/をズバリ！

資料活用 p.127 オーストラリアの貿易相手国の変化

オーストラリアの貿易相手国は，1965年ごろはイギリスをトップにして，アメリカ合衆国，日本が中心だったが，1985年ごろには日本が1位，次いでアメリカ合衆国となり，イギリスの貿易額の割合は大きく減少した。2018年には中国が1位，次いで日本，アメリカ合衆国の順に貿易額の割合が多い。

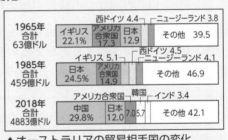

▲オーストラリアの貿易相手国の変化
(UN Comtrade)

	イギリス	アメリカ合衆国	日本	西ドイツ 4.4	ニュージーランド 3.8	その他
1965年 合計 63億ドル	22.1%	17.3	12.9			39.5

	日本	アメリカ合衆国	イギリス 5.1	西ドイツ 4.5	ニュージーランド 4.1	その他
1985年 合計 459億ドル	24.5%	14.9				46.9

	中国	日本	アメリカ合衆国	韓国	インド 3.4	その他
2018年 合計 4883億ドル	29.8%	12.0	7.0	5.7		42.1

確認しよう p.127 オーストラリアやニュージーランドで輸出用に生産されている農作物や鉱産物

- オーストラリア…牛肉（オージービーフ），小麦，アスパラガス，ぶどう，鉄鉱石，石炭，天然ガス
- ニュージーランド…乳製品，羊肉，かぼちゃ

説明しよう p.127 オセアニアとアジアの結び付きが強まってきた理由

例 オセアニアの国々にとって，アジア諸国はヨーロッパよりも距離が近く，人の交流が盛んになっている。また，APECなどのつながりによって，幅広く経済活動を行っているため。

節の学習を振り返ろう

オセアニア州

1 学んだことを確かめよう

1　A…オーストラリア　　B…ニュージーランド

2　ⓐミクロネシア　　ⓑメラネシア　　ⓒポリネシア

3　①アボリジニ　　②イギリス　　③多文化　　④鉱産　　⑤鉄鉱石　　⑥露天掘り
　　⑦羊　　⑧乳牛

写真を振り返ろう

㋐サンゴ礁　㋑植民地　㋒移民　㋓多文化社会

2 「地理的な見方・考え方」を働かせて説明しよう

ステップ1　州の特色と課題を整理する

例
- アジアやオセアニアの国々からの移民が増加した。
- 先住民も含め，さまざまな文化を互いに尊重し合う多文化社会へ変化した。
- アジアの国々との貿易や人の交流が強くなっている。

ステップ2　「節の問い」への考えを説明する

作業1　例

　アボリジニを中心とする先住民，イギリスからの移民，イギリス以外のヨーロッパからの移民，アジアからの移民，オセアニアの国々からの移民

作業2　例

　イギリス以外の国からの移民が増えたことで**多文化社会**となり，多言語放送が行われたり，複数の外国語の教育が行われたりしている。近年は**アジア**からの移民が増え，貿易や人の交流においてヨーロッパより**アジア**との結び付きが強くなっている。

ステップ3　持続可能な社会に向けて考える

作業1　例

　白豪主義の政策により，白人以外の移民や先住民が尊重されていなかった。

作業2　例

　先住民の立場からすると，伝統的な生活や文化を守りながらも時代や環境の変化に適応していけるような生活が必要である。

作業3　例

　先住民の立場からすると，国会で主体的に文化や地位を守るなどの取り組みをすべきである。

私たちとの関わり　日本を訪れる外国人の数

　例　2010年に約944万人だった日本への入国者総数は，2015年には約1969万人と急増している。また，2010年までは韓国からの入国者数が飛びぬけて多かったが，2015年には中国からの入国者数が韓国からの入国者数を上回っている。

一問一答ポイントチェック

答え

❶北アメリカ大陸の西側で南北に連なるけわしい山脈は何か？

❷❶の山脈のすぐ東側に広がる乾燥した大平原を何というか？

❸❷の平野のすぐ東側に広がる降水量の比較的多い大草原を何というか？

❹北アメリカ大陸で年間降水量500mmの線とほぼ一致する経線は西経何度の経線か？

❺その地域に古くから住んでいる民族を何というか？

❻メキシコや南アメリカなどからアメリカ合衆国に来たスペイン語を話す人々は何とよばれるか？

❼地域の気温や土壌などの自然環境に合わせて行われるアメリカ合衆国の農業を何というか？

❽農業や農作物の加工，研究開発など農業に関係する幅広い経済活動全体を何というか？

❾アメリカ合衆国で，先端技術産業が発達した北緯37度以南の地域を何とよぶか？

❿ＩＣＴ関連の企業が集中しているサンフランシスコ郊外の地域を何とよぶか？

⓫多くの国に生産や販売の拠点をもち，世界的に活動する企業を何とよぶか？

❶ロッキー山脈

❷グレートプレーンズ

❸プレーリー

❹西経100度

❺先住民

❻ヒスパニック

❼適地適作

❽アグリビジネス

❾サンベルト

❿シリコンバレー

⓫多国籍企業

⓬南アメリカ大陸の太平洋側に南北に連なる世界最長の山脈は何か？

⓭南アメリカ大陸を流れる流域面積世界最大の河川は何か？

⓮アルゼンチンのブエノスアイレス周辺に広がる温帯の大草原を何というか？

⓯森林を焼き，その灰を肥料として作物を栽培する農業は何か？

⓰さとうきびやなどの植物を原料とする燃料を何というか？

⓱急激に人口が増加した都市で，低所得層の人々が住みついて形成された居住環境の悪い地域を何というか？

⓬アンデス山脈

⓭アマゾン川

⓮パンパ

⓯焼畑農業

⓰バイオ燃料

⓱スラム

⓲オーストラリアの❺を何というか？

⓳ニュージーランドの❺を何というか？

⓴互いの文化を尊重しあう社会を何というか。

⓲アボリジニ

⓳マオリ

⓴多文化社会

身近な地域の調査

確認したら✓を書

ポイント 身近な地域の調査の方法を学ぶ。方法は以下の通り。調査テーマを決め，調査方法を考える。その際に自分なりの仮説を立てる。調査計画書を作成し，実際に野外調査に出かける。不明な点は文献調査をする。

1 身近な地域を観察して気づいたこと，疑問に思ったことから視点を決め，調査テーマを考える

例 ・地形（平野，盆地，土地の高低，自然災害など），気候（気温，降水量，積雪，など）
　　　・産業（主な農作物，田畑の分布，農業産出額や工業出荷額の変化，工業団地の分布など）

2 調査項目を決め，調査方法を考えて，調査計画書を作成する。

技能をみがく

・ルートマップの作り方

1　2万5千分の1地形図や「地理院地図」，道路地図，都市計画図などを利用する。

2　進む方向を矢印で示し，観察や聞き取りする順番が分かるようにする。

3　観察した場所，写真を撮影した場所などをルートマップに書き入れる

・地形図の使い方①・②

やってみよう p.134

1　表2　（5万分の1）2cm，
　　　　（2万5千分の1）4cm

　　図3　4400m

2　長さ…2倍，面積…4倍

やってみよう p.135

1　①図書館　②寺院　③裁判所
　　④消防署

2　（図5のA—B間の長さ）6cm，
　　（A—B間の実際の距離）1500m

3　あb　　いc　　うa

やってみよう p.136　（右図の通り）

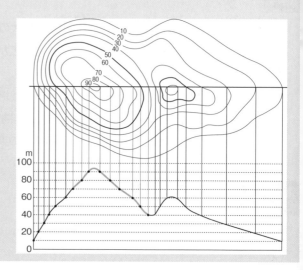

・新旧の地形図の比較

やってみよう p.136

1 新旧の地形図中の同じ道路

2 右図の通り

3 1955年と2019年の地形図の比較

・似ている点

> 例 南北を通る大きな道路や川，神社は
> ほとんど変わっていない。

・異なる点

> 例 1955年に畑や空き地だった場所は，
> 2019年にはほとんど住宅になっている。

・地形図の使い方④

やってみよう p.137

1 省略

2 地形図では読み取れて，空中写真では読み取れない要素

> 例 土地の高低（標高），詳しい土地利用の様子，市町村や県の境，地名など。

3 野外調査を実行しよう

①野外観察をしよう

・調査テーマに関係のありそうなものを見つけたら，メモやスケッチで記録する。

・観察した場所をルートマップに記録する。

・カメラやビデオを持参して画像や映像を残し，天気や時刻，撮影の方向なども記録しておく。

②聞き取り調査をしよう

・相手の方に目的を伝える。

・許可を得て，相手の話を録音したり，撮影したりしておく。

4 調査を深めて結果を発表しよう

①さまざまな資料や情報を集めよう…文献調査

②調査結果をグラフや地図にまとめよう…分析と考察

③調査結果を発表して意見交換しよう

① 山がちな日本の地形

ポイント 環太平洋造山帯に属す日本列島は75％が山地。中央部に連なる日本アルプスの東側にはフォッサマグナがあり，山地や山脈は，ここを境に，東側では南北方向，西側では東西方向に並んでいる。

教科書ナビ

●142ページ 2行め
（…）沈んだりすることが活発に起こり，山地や山脈が連なっている所は造山帯とよばれます。

●142ページ 左1行め
地球の表面は，十数枚に分かれた，厚さ100kmほどの硬い岩石でできたプレートに覆われています。

●142ページ 7行め
（…）アルプス山脈，ヒマラヤ山脈，インドネシアの島々へと続くアルプス・ヒマラヤ造山帯と（…）。

●142ページ 9行め
（…）太平洋を取り囲むように連なる環太平洋造山帯の二つがあります。

●143ページ 9行め
（…）3000m級の険しい山々からなる日本アルプス（飛驒山脈・木曽山脈・赤石山脈）があり，（…）。

徹底解説

【山地】
ひとまとまりになっている山々のこと。日本では，出羽山地，中国山地，四国山地，九州山地などがある。

【山脈】
山地の中で特に細長く延びている地域をいう。日本では，奥羽山脈，越後山脈，飛驒山脈，木曽山脈などがある。

【造山帯】
プレートの境界など土地が盛り上がったり，沈み込んだりすることが活発に起こり，山地や山脈ができている地帯のこと。アルプス・ヒマラヤ造山帯と環太平洋造山帯の二つがあり，火山や地震の活動が活発である。

【プレート】
地球の表層を覆っている，いくつかの巨大な岩板。プレートの下にあるマントルという部分が流動するため，プレートは1年に数cmほど動いている。プレートどうしは，ぶつかったりずれたりしているため，プレートの境界では，火山や地震の活動が生じる。

【アルプス・ヒマラヤ造山帯】
ユーラシア大陸の南部を東西に横切り，ヨーロッパからインドネシアまでつながる造山帯。アルプス山脈，ヒマラヤ山脈の二つの大きな山脈をはじめ多くの山脈が連なっている。

【環太平洋造山帯】
太平洋の周囲を囲むようにつながる造山帯。南アメリカ大陸の南端から始まって，アンデス山脈，ロッキー山脈と南北アメリカ大陸の太平洋岸を北に延び，北アメリカ大陸の北端でユーラシア大陸やアリューシャン列島につながり，日本列島，フィリピン群島，ニューギニア，ニュージーランドまで連なっている。

【日本アルプス】
本州の中央部に標高3000m級の山々が連なっている。飛驒山脈（北アルプス），木曽山脈（中央アルプス），赤石山脈（南アルプス）の三つの山脈の総称。ヨーロッパのアルプス山脈にちなんだよび名。

●143ページ 11行め
これらの山脈の東側には**フォッサマグナ**があり，（…）

🔍【フォッサマグナ】

ラテン語で「大きな溝」の意味。本州の中央部を南北に横切っている幅約50kmの溝状の地形で，大地溝帯ともよばれる。日本海側の新潟県から長野県，山梨県と通って太平洋側の静岡県まで延びている。フォッサマグナを境として，山地，山脈は，東側ではほぼ南北方向に，西側ではほぼ東西方向に並び，地質も異なっている。

教科書の 答え をズバリ！

確認しよう p.143　日本列島が属している造山帯

日本は環太平洋造山帯に属している。

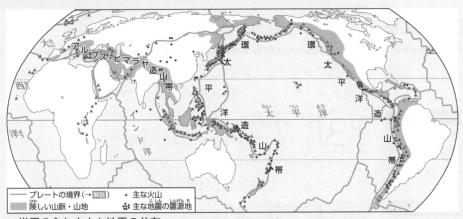

▲世界の主な火山と地震の分布 (Diercke Weltatlas 2008, ほか)

説明しよう p.143　日本の地形の特色

例　環太平洋造山帯に属する日本列島は弓のような形をしていて，その形に沿って山地や山脈が連なっている。中央部には3000m級の山々からなる日本アルプスがある。その東側にはフォッサマグナがあり，山地や山脈はそこを境に，東側では南北方向に，西側には東西方向に並んでいる。

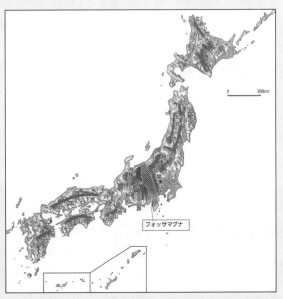

② 川がつくる地形と海岸や海洋の特色

CHECK!
確認したら✓を書こう

ポイント 日本列島には扇状地，三角州などの川がつくる地形やリアス海岸，砂浜海岸などの海岸地形があり，近海には大陸棚，その先には海溝が広がる。太平洋，日本海には暖流，寒流が流れ，太平洋側には潮目がある。

教科書ナビ

◯144ページ 1行め
日本には，たくさんの**平野**や**盆地**があります。

◯144ページ 5行め
川が山間部から平野や盆地に流れ出た所では**扇状地**が見られます。

◯144ページ 7行め
川の河口部にみられる**三角州**は，粒の小さい砂や泥からできていて（…）。

◯144ページ 11行め
川や川沿いの平地よりも一段高くなっている土地は**台地**といいます。

◯145ページ 2行め
なかでも，小さな岬と湾が入り組んだ海岸は**リアス海岸**とよばれます。

◯145ページ 5行め
一方，長い砂浜が続く**砂浜海岸**や**サンゴ礁**に囲まれた海岸なども見られます。

◯145ページ 12行め
（…）浅くて平らな**大陸棚**が広がっており（…）。

徹 底 解 説

🔍 **【平野】**
平らで起伏の少ない低い地形。でき方によって，土地が浸食されてできた浸食平野と，土砂が堆積してできた堆積平野に分けられる

🔍 **【盆地】**
周囲のほとんどを山に囲まれ，中央が低く平らな地形。

🔍 **【扇状地】**
川が谷から平野や盆地に流れ出る出口周辺にできる地形で，谷の出口を要にして開いた扇の形をしている。川の流れがゆるやかになるため，粒の大きい砂や石が堆積してでき，水はけがよい。

🔍 **【三角州】**
川の流れがゆるやかになる河口部で，流れてきた粒の小さい砂や泥が堆積してできる地形。上流方向を頂点とする三角形の土地。水もちがよく，水田として利用されてきた。

🔍 **【台地】**
まわりの平地よりも台状に高くなっているほぼ平坦な地形。畑や住宅地に利用される。

🔍 **【リアス海岸】**
海岸線がのこぎりの歯のように入り組んだ海岸。波の穏やかな深い湾が多いので天然の良港になり，貝やわかめの養殖に適している三陸海岸（岩手県，宮城県），志摩半島（三重県）などに見られる。

🔍 **【砂浜海岸】**
波が海底の砂を打ち上げ，それが堆積してできた海岸。遠浅な海が続く。九十九里浜（千葉県）が有名である。

🔍 **【サンゴ礁】**
温かく浅い海に生息するサンゴの死骸や分泌物が長い時間かけて積み重なってできた石灰質の岩のこと。水温25℃〜30℃ぐらいで水深20m〜40mより浅く，透明で日光が届く海域で形成される。日本では南西諸島の海域でよく見られる。

🔍 **【大陸棚】**
大陸の海岸からゆるやかに傾斜しながら続く水深200mぐらいまでの海底のこと。良好な漁場となり，地下に鉱産資源があることもある。

○145ページ 13行め
太平洋側の大陸棚の先には，水深が8000mを超える**海溝**があります。

🔍【海溝】
海底にある水深6000m以上の溝状の地形。日本列島に沿った太平洋側の大陸棚の先には，水深8000m以上の海溝がある。

○145ページ 15行め
日本の近海は，暖流の黒潮（日本海流）と対馬海流，寒流の親潮（千島海流）（…）。

🔍【暖流】
低緯度の温かい海域から高緯度方向に流れる，周辺の海水より温度が高い海流のこと。日本周辺では，太平洋側を北へ流れる黒潮（日本海流）と日本海側を北へ流れる対馬海流がある。

🔍【寒流】
高緯度の冷たい海域から低緯度方向に流れる，周辺の海水より温度が低い海流のこと。日本周辺では，太平洋側を南へ流れる親潮（千島海流）と日本海側を南へ流れるリマン海流がある。

○145ページ 17行め
（…）異なる性質の海水がぶつかる**潮目**（潮境）となっており，（…）。

🔍【潮目（潮境）】
水温や塩分など性質の異なる海水がぶつかる境目のこと。暖流と寒流がぶつかる潮目には上昇流ができ，海底の栄養分が巻き上げられてプランクトンが多く，よい漁場となる。

教科書の \答え/ をズバリ！

確認しよう p.145 川がつくるさまざまな地形の特色

- **扇状地**…川が山間部から平野や盆地に流れ出る所に石が堆積してできた扇状の地形。
- **三角州**…川の河口部に見られる，粒の小さい砂や泥が堆積した三角形の地形。
- **台地**…川や海沿いの平地よりも一段高くなっている土地。
- **盆地**…周囲を山に囲まれた土地。

説明しよう p.145 日本近海の様子

例 周辺の海には浅く平らな**大陸棚**が広がり，太平洋側では大陸棚の先に水深8000m以上の海溝が南北に続いている。日本列島に沿って，太平洋側では暖流の**黒潮**（日本海流）が南から，寒流の**親潮**（千島海流）が北から流れているため，異なる性質の海水がぶつかって潮目をつくっている。日本海側では南から暖流の対馬海流が，北から寒流のリマン海流が流れている。

▲川の上流から下流にみられる地形

③ 日本の気候

ポイント 日本は大部分が温帯で北海道は亜寒帯（冷帯）に属し，気温や降水量などを基に，さらに北海道の気候，日本海側の気候，太平洋側の気候，内陸の気候，瀬戸内の気候，南西諸島の気候の気候区に分類される。

教科書ナビ

●146ページ 2行め
（…）本州・九州・四国が主に温帯，北海道が亜寒帯（冷帯）に属し，四季の変化がはっきりしていることが特色です。

●146ページ 3行め
これは，季節風によって，夏には太平洋上から（…）。

●146ページ 9行め
（…）さらに梅雨による長雨，台風，冬の雪などの影響で降水量が多いため，（…）。

●147ページ 3行め
北海道の気候は，全般的に冷涼で，（…）。

徹底解説

〔温帯〕
春夏秋冬の四季の変化がはっきりしている地域。気温と雨の降り方で，温暖湿潤気候，西岸海洋性気候（ヨーロッパの大西洋岸など）地中海性気候（地中海沿岸など）の三つに分けられる。日本は，冬と夏の気温の差が大きく，1年を通して降水量が多い温暖湿潤気候である。

〔亜寒帯（冷帯）〕
夏が短く，冬は寒さが厳しい地域。夏と冬の気温の差が大きく針葉樹の森が見られる。日本では，北海道が属している。

〔四季〕
春・夏・秋・冬の季節のこと。温帯の日本は，気温が低く寒い冬，気温が高く暑い夏，冬から夏に向かい暖かくなる春，夏から冬に向かい涼しくなる秋と四つの季節がはっきりしている。

〔季節風〕
季節によって吹く方向が逆になる風。夏には海洋から大陸に向かって吹き，冬は反対に大陸から海洋に向かって吹く。日本では，夏には太平洋から湿った季節風が吹き，山地にぶつかって太平洋側の地域に雨を降らせ，冬には大陸から吹く季節風が日本海で水分を含み，山地にぶつかって日本海側の地域に雪を降らせる。

〔梅雨〕
梅の実がなる6月上旬から7月中旬の頃の長雨のこと。東北地方より南の地域でみられ，日本の稲作にとって大切な降水となる。

〔台風〕
夏から秋にかけて，東アジアを襲う熱帯低気圧。強風や豪雨をもたらすため，西南日本や南西諸島などの多く通過する地域では洪水や崖崩れなどの災害が起こる。

〔北海道の気候〕
亜寒帯（冷帯）の気候に属し，全般的に冷涼で，冬の寒さが厳しい。はっきりした梅雨はなく，1年を通して降水量は少ない。

教科書
146
～
147
ページ

第3部

第2章

●147ページ 6行め …
日本海側の気候は、
冬に雪が多いという
（…）。

🔍 〔日本海側の気候〕
大陸から吹いてくる北西の季節風が、日本海の上で水分を含み、山地にぶつかって雪を降らせるため、冬の降水量が多い。夏は乾燥する。

●147ページ 10行め …
太平洋側の気候は、
冬は季節風の風下になるため（…）。

🔍 〔太平洋側の気候〕
夏は太平洋から吹く南東の湿った季節風の影響で降水量が多い。冬は乾燥して晴天が続く。

●147ページ 12行め …
内陸の気候は、海から離れているため季節風によって運ばれる（…）。

🔍 〔内陸の気候〕
海から離れた内陸のため季節風の影響を受けにくく、1年を通して降水量は少ない。夏と冬の気温の差、昼と夜の気温の差が大きい。

●147ページ 15行め …
瀬戸内の気候は、冬の季節風が中国山地に（…）。

🔍 〔瀬戸内の気候〕
北は中国山地、南は四国山地があるため、夏冬の季節風がさえぎられて、一年中温暖で降水量が少ない。

●147ページ 17行め …
南西諸島の気候は、1年を通して雨が多く（…）。

🔍 〔南西諸島の気候〕
一年中降水量が多く、沿岸に暖流の黒潮が流れているので、冬でも温暖である。台風の通り道になるので、秋の降水量が多くなる。

教科書の 答え をズバリ！

資料活用 p.146 　札幌と那覇の緯度

札幌市は北緯43度、那覇市は北緯26度の緯線に最も近いため、約17度の緯度の差がある。

確認しよう p.147 　日本の六つの気候区の分布

（右図の通り）

説明しよう p.147 　太平洋側と日本海側とで降水量の多い季節が異なる理由

例　太平洋側では、太平洋から吹く夏の湿った季節風が山地にぶつかって雨を降らせ、日本海側では、大陸から吹く冬の季節風が日本海で水分を含み、山地にぶつかって雪を降らせるため。

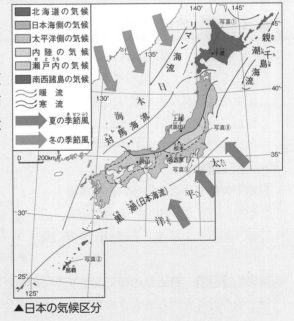

▲日本の気候区分

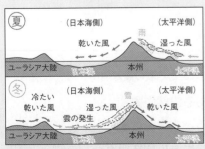

▲降水量の季節変化が起こるしくみ

④ 日本のさまざまな自然災害

ポイント 環太平洋造山帯に位置する日本は地震，津波，火山の噴火などの被害を受けやすく，梅雨や台風による大雨，洪水，土石流などの気象災害も多い。水不足，やませなどに見舞われると農作物に影響が出る。

教科書ナビ

◎148ページ 4行め
（…）山崩れや液状化の現象などが発生したりして（…）。

◎148ページ 5行め
地震によって（…）津波が発生することもあり（…）。

◎149ページ 6行め
（…）強風や高潮による被害，大雨による洪水や土石流などが起こる（…）。

徹底解説

🔍 **【液状化】**
地震の震動により水と砂を多く含む地面が液体のようになる建物が傾いたり，沈んだり，マンホールが浮き上がったりする。

🔍 **【津波】**
海底で起きた地震で海水が押し上げられて生じる。普通の波と違って，海底から海面までの海水が押し寄せるので，高い場合に大きな被害をもたらすことがある。

🔍 **【高潮】**
台風や強い低気圧による水面上昇とあわせて，海水が強風に吹き寄せられて，平常時より海水面が高くなる現象。

🔍 **【洪水】**
大雨によって川の水量が急増し，岸を越えてあふれ出る現象。農作物や建物に被害を与え，時に人命が脅かされる。

🔍 **【土石流】**
大雨で水分を大量に含んだ土砂や岩などが混じり合って山の斜面を一気に流れ下る現象。人家に大きな被害を与えることがある。

教科書の答えをズバリ！

資料活用 p.148 火山と震源地の位置

主な火山は，千島列島から北海道，東北地方の真ん中を通り，関東地方の西部に位置している。また，震源地も火山周辺に見られるものが多い。

▲主な火山と地震の震源地（理科年表2020，ほか）

確認しよう p.149

日本で発生することの多い自然災害

地震，液状化，津波，火山の噴火，高潮，洪水，土石流，干ばつ，冷害，大雪

説明しよう p.149 身近な地域で発生する可能性がある自然災害

例 家の近くを流れる大きな河川は，大雨が降ると水量が増す。川の堤防が決壊すると町の中に水が流れ込むため，人家に浸水被害が出る可能性がある。

⑤ 自然災害に対する備え

ポイント
日本では地震，豪雨などの被害に対し防災，減災の備えをしているが，災害時には公助の支援だけでなく共助,自助の行動が求められる。ハザードマップを通してふだんから災害を知っておくことも重要である。

教科書ナビ

150ページ 3行め
（…）被害が及ぶのを防ぐ防災や，被害をできるだけ少なくする減災のために，（…）。

150ページ 5行め
（…）近い将来に発生が予測されている南海トラフの巨大地震に（…）。

151ページ 11行め
（…）支援を行うことを公助といいます。（…）自分自身や家族を守る自助や，住民どうしが協力して助け合う共助とよばれる行動（…）。

151ページ 18行め
（…）被害を予測したハザードマップが作られています。

徹底解説

🔍【防災】
災害による被害が出ないように防ぐこと。

🔍【減災】
災害が起こったとき，できるだけ被害を少なくすること。
（例）津波が起こったときの避難場所となる津波避難タワーをつくる。

🔍【南海トラフ】
紀伊半島南東沖から四国の南にかけての海底の深い部分にある幅をもった溝。フィリピン海プレートがユーラシアプレートの下に沈み込む位置にあたり，巨大地震の震源となると予想されている。

🔍【公助】
災害時に，国や県，市町村が被災者の救助や支援を行うこと。

🔍【自助】
災害時に，自分の身や家族は自分たちで守ること。

🔍【共助】
災害時に，地域の住民が協力して助け合うこと。

🔍【ハザードマップ】
自然災害によって被害の起こると予想される範囲を地図で示したもの。

技能をみがく

やってみよう p.152 鎌倉市の津波ハザードマップ

1 5m〜8m
2 ウ（イは5m以上の浸水域。アは距離があり，行くまでに通る地域が浸水する。）

やってみよう p.153 災害発生時の被害と避難の方法

1 自然災害が起こった場合に発生する被害と避難のポイント

自然災害	災害時の被害	避難のポイント
洪水	建物への浸水	海から離れた場所や高台へ避難
地震	建物への浸水，建物の倒壊	高い建物や高台へ避難
津波	火砕流や土石流	建物が近くにない広場へ避難
火山の噴火	建物の倒壊や崖崩れ	窓から離れた部屋の中へ避難
台風や竜巻	建物の倒壊，落雷や飛来物	火山から離れた場所へ避難

2，3省略

教科書の 答え をズバリ!

確認しよう p.151 **防災や減災のために行われている取り組み**

地震対策

・建物や橋を地震の揺れに強くする。

・津波を防ぐ堤防を造る。

・津波避難タワーを設置する。

・日頃の防災教育，地震情報の伝え方を見直す。

気象災害対策

・ダムや河川の堤防などの設備を造る。

・災害の危険地域を指定して避難場所を決める。

・避難情報の伝え方を決める。（「避難準備・高齢者等避難開始」，「避難勧告」，「避難指示（緊急）」，「災害発生情報」）。

説明しよう p.151 **自助，共助，公助の取り組み**

自助 例 ・食料品や飲料水の備蓄をする。

・自宅の耐震化，耐火性の確保をする。

・災害時の安否確認方法を確認する。

共助 例 ・広報や講演会などによる防災知識の啓発をする。

・防災資材の整備をする。

・避難訓練をする。

・災害時に地域で炊き出しや給水活動をする。

公助 例 ・備蓄品を整備，管理し，避難所機能を充実させる。

・災害時の災害対応

（自衛隊，消防隊，警察，海上保安庁による人命救助，復旧・復興など）

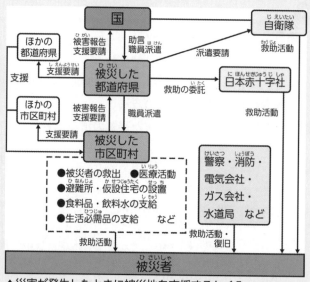

▲災害が発生したときに被災地を支援するしくみ (内閣府資料，ほか)

一問一答 ポイントチェック

答え

❶ユーラシア大陸の南部を東西に横切り，ヨーロッパからインドネシアまで続いている造山帯を何というか？

❷ロッキー山脈，アンデス山脈，日本列島が含まれる造山帯を何というか？

❸日本列島の中央部に位置する飛驒山脈・木曽山脈・赤石山脈のことを何とよぶか？

❹本州のほぼ中央部を南北に延びて地形や地質を東北日本と西南日本に分けている溝状の地形を何というか？

❺海岸線がのこぎりの歯のように入り組んでいる海岸を何というか？

❻大陸の海岸からゆるやかに傾斜しながら続く水深200mぐらいまでの海底を何というか？

❼海底にある水深6000m以上の溝状の地形を何というか？

❽暖流と寒流がぶつかる境目を何というか？

❾周囲のほとんどを山に囲まれ，中央が低く平らな地形は何か？

❿川が谷から平地に流れ出る出口周辺に粒の大きい砂や石が堆積してできる地形を何というか？

⓫川の河口に粒の細かい砂や泥が堆積してできる地形は何か？

⓬6月上旬から7月中旬の頃の長雨を何というか？

⓭夏から秋にかけて東アジアを襲う熱帯低気圧を何というか？

⓮日本の気候区のうち，北西の季節風の影響で冬の降水量が多いのはどの気候区か？

⓯日本の気候区のうち，1年中温暖で降水量が少ないのはどの気候区か？

⓰海底で起きた地震で海水が押し上げられて生じる高波は何か？

⓱地震の震動によって水と砂を多く含む地面が一時的に液体のようになる現象を何というか？

⓲大雨で水分を大量に含んだ土砂や岩などが混ざり合って一気に山の斜面を流れ下る現象を何というか？

⓳災害が起きたとき，被害を少なくすることを何というか？

⓴災害時に，地域の住民どうしが助け合うことを何というか？

㉑災害によって起こる被害の範囲や危険地帯，避難場所などを示した地図を何というか？

❶アルプス・ヒマラヤ造山帯

❷環太平洋造山帯

❸日本アルプス

❹フォッサマグナ

❺リアス海岸

❻大陸棚

❼海溝

❽潮目（潮境）

❾盆地

❿扇状地

⓫三角州

⓬梅雨

⓭台風

⓮日本海側の気候

⓯瀬戸内の気候

⓰津波

⓱液状化

⓲土石流

⓳減災

⓴共助

㉑ハザードマップ

⑥ 日本の人口

ポイント 大都市の周辺地域には人口が集中（過密）する一方，若者が仕事を求めて都市部へ移った結果，人口が減少（過疎）している地域もある。日本は出生率と死亡率が低下し，少子高齢化が進んでいる。

教科書ナビ

●154ページ 3行め
東京・大阪・名古屋を中心とする三大都市圏（…）。

●154ページ 7行め
人口が集中して過密となった都市部では，（…）。

●154ページ 12行め
過疎となった農村や（…）地域社会の維持が困難になっている地域も増えています。

●155ページ 10行め
少子化と高齢化が進んだ社会（少子高齢社会）を迎えた日本では，（…）。

徹底解説

〔三大都市圏〕
東京を中心とする東京大都市圏，大阪を中心とする京阪神大都市圏，名古屋を中心とする名古屋大都市圏の三地域をいう。通勤・通学など，それぞれの都市を中心として，周辺の都市と密接なつながりをもっている。

〔過密〕
都市に人口が集中しすぎる状態のこと。住宅や学校の不足，通勤や通学などでの交通渋滞，ごみ処理の問題，大気汚染や騒音などの環境問題が起こる。

〔過疎〕
過密の反対の現象で，人口が減少し，日常の社会生活を営むことが難しくなる状態のこと。若者が都市へ流出して人口が減少するため，過疎地域は，高齢者の割合が高い地域となる。学校や医療機関，バスや鉄道の廃止など，日常生活に大きな影響が現れている。

〔少子高齢社会〕
出生率が下がって子どもの数が減る少子化が進む一方で，平均寿命がのびて高齢者の数が増加する高齢化が進んだ社会。労働力の不足や，年金や医療などの社会保障費が増大するなどの問題が生じる。

技能をみがく

人口ピラミッドは，縦軸に年齢，横軸に各年齢層の男女の割合を取った，人口構成を示したグラフ。年少人口（15歳未満），生産年齢人口（15〜64歳），老年人口（65歳以上）に区分すると特徴が読み取りやすくなる。

教科書の答えをズバリ！

資料活用 p.155 人口ピラミッドの型の変化を読み取ろう

日本の人口ピラミッドは，富士山型からつりがね型を経てつぼ型へと変化している。

確認しよう p.155 日本で人口が集中している地域

・三大都市圏…東京，大阪，名古屋
・地方の大都市…札幌，仙台，広島，福岡，北九州など。

説明しよう p.155 老年人口の割合が高く，高齢化が進んでいる地域

例 山間部や離島などで老年人口の割合が高く，三大都市圏などの大都市から離れた東北，四国，九州地方は特に高齢化が進んでいる。

⑦ 日本の資源・エネルギーと電力

ポイント 日本は生産活動に必要な資源の多くを輸入に頼っている。再生可能エネルギーの開発や省エネルギー，リサイクルなどによって資源を有効に活用し，持続可能な社会を実現していくことが期待されている。

教科書ナビ

◯156ページ 16行め
かつては山地に建設されたダムの水を用いた水力発電が多かった（…）

◯156ページ 17行め
原油や石炭・天然ガスを燃料にした火力発電や（…）

◯156ページ 18行め
ウランを燃料にした原子力発電が大きな割合を占めるようになりました。

◯157ページ 7行め
（…）再生可能エネルギーを利用した発電の拡大に期待が高まっています。

◯157ページ 13行め
（…）電気自動車などの普及が進むとともに，リサイクルが積極的に行われています。

◯157ページ 16行め
持続可能な社会を実現するには，（…）。

徹底解説

🔍 **〔水力発電〕**
水を利用して電気を得る発電方式。燃料代がかからず，二酸化炭素も排出しないが，ダム建設は時間と費用がかかり，また周辺の環境に大きな影響を与えるなどの問題点がある。

🔍 **〔火力発電〕**
石油や石炭，天然ガスを燃やし，その熱を利用して電気を得る発電方式。容易に安定して大量の電力を得られるが，燃料の原油や石炭を輸入しなければならず燃料代がかかること，地球温暖化の原因の一つである二酸化炭素を多く排出することなどの問題点がある。

🔍 **〔原子力発電〕**
原子炉で核分裂反応を起こし，その熱を利用して電力を得る発電方式。二酸化炭素を排出せずに発電できるが，安全性や放射性廃棄物の処分についての問題がある。

🔍 **〔再生可能エネルギー〕**
埋蔵量に限りがある原油や石炭のような化石燃料と違い，太陽光や風力のように限りなく使える自然エネルギーのこと。太陽光，風力，水力，地熱，波力，バイオマス（わらや家畜のふん，さとうきびなど生物由来の資源）などがある。太陽光発電や風力発電が各地で進められている。

🔍 **〔リサイクル〕**
一度使用したものをごみとして捨てたりせず，回収して資源として再利用すること。牛乳パック，アルミ缶やスチール缶，ガラスびん，ペットボトルなどは資源ごみとして回収され，溶かして原料資源として再利用される。携帯電話やパソコンからは，レアメタルなどが取り出されて再利用されている。

🔍 **〔持続可能な社会〕**
現在の世代だけでなく，将来の世代が受ける経済的・社会的利益を損なわない範囲で環境を利用していく社会のこと。限りある資源を大量に消費していくと，将来の世代が利用できる資源や自然環境がなくなるだけでなく経済的・社会的利益も減ってしまうことを考え，消費の見直しや，環境に配慮した開発の取り組みが進められている。

教科書の\答え/をズバリ!

資料活用 p.157 **水力発電所，火力発電所，原子力発電所が分布している場所**

水力発電所…ダムを建設しやすい山間部に分布している。

火力発電所…燃料となる原油や石炭，天然ガスの輸入に便利で，エネルギーを多く使う大都市近郊の臨海部に分布している。

原子力発電所…原子炉装置の冷却に海水を利用でき，安全面から，大都市から離れた沿岸部に分布している。

▲主な発電所の分布（2017年度電気事業便覧）

確認しよう p.157 **日本が鉱産資源を多く輸入している国**

- アラブ首長国連邦（原油，液化天然ガス）
- インドネシア（石炭，液化天然ガス）
- オーストラリア
  （石炭，鉄鉱石，液化天然ガス）
- カタール（原油，液化天然ガス）
- サウジアラビア（原油）
- ブラジル（鉄鉱石）
- マレーシア（液化天然ガス）
- ロシア（原油，石炭，液化天然ガス）

自給率0.3%　　　　自給率0.5%
輸入量　　　　　　輸入量
原油　　　　　　石炭
99.7%　　　　　　99.5%

自給率0.0%　　　　自給率2.3%
輸入量　　　　　　輸入量
鉄鉱石　　　　液化天然ガス
100.0%　　　　　　97.7%

▲日本の資源自給率（2018年）

（財務省貿易統計，ほか）

説明しよう p.157 **資源の少ない日本の取り組み**

例 資源の少ない日本は，消費電力の小さい家電製品の開発をするなどして，資源・エネルギーの消費量を少なくする省エネルギーや，不要になったパソコン，携帯電話などからレアメタルを回収するリサイクルに取り組んでいる。

⑦ 日本の農業・林業・漁業とその変化

CHECK! 確認したら✓を書こう

ポイント 日本の農業は，気候や地形の違いや都市圏との距離によって，地域ごとに特色が見られる。漁業では，水あげ量が大幅に減っている中，養殖業や栽培漁業など育てる漁業への取り組みがなされている。

教科書ナビ

○158ページ 2行め
稲作が特に盛んなのは，雪どけ水が豊富な東北地方の日本海側や（…）。

○158ページ 5行め
大都市の周辺では近郊農業が発達しており，（…）。

○158ページ 7行め
（…），出荷時期に合わせて作物の生育を調節する促成栽培や抑制栽培を行っている地域があります。

○158ページ 9行め
日当たりのよい斜面や扇状地では果樹栽培が盛んです。

○158ページ 14行め
（…）飼料の多くを輸入に頼っているため，食料自給率が低いという課題が生じています。

徹底解説

🔍【稲作】
稲を栽培して米を生産すること。全国で栽培されるが，特に盛んな地域は，中部地方の北陸（日本海側の新潟・富山・石川・福井の4県）や東北地方で，米の生産量の多い県は，1位新潟県，2位北海道，3位秋田県，4位山形県，5位宮城県の順になっている（2019年）。それぞれの産地では競って品質の優れた米を生産しているが，品種ではコシヒカリが最も多く，ついでひとめぼれ，ヒノヒカリ，あきたこまちが多い（2019年）。

🔍【近郊農業】
大都市の近郊で行われる園芸農業（野菜・果樹・花などを栽培する）こと。大都市周辺では，鮮度が求められる野菜や果物，乳製品，鶏卵などを生産し出荷する。消費地に近いので，新鮮なうちに輸送費をかけず短時間で市場まで運ぶことができる。

🔍【促成栽培】
出荷量が少なく価格が高い時期に出荷するため，ビニールハウスなどの施設を使って野菜や花などの生長を早めて出荷時期をずらす栽培方法。宮崎平野（九州）や高知平野（四国）では，温暖な気候を利用して，きゅうりやなすなどの促成栽培が盛んである。

🔍【抑制栽培】
野菜や花などの生育を人為的に抑制し，収穫時期や出荷時期を遅らせる栽培方法。中央高地に位置する長野県などでは，夏の冷涼な気候を利用して，白菜やキャベツなどの抑制栽培が盛んである。

🔍【果樹栽培】
扇状地など日当たりや水はけのよい斜面では，果物の栽培が盛んである。りんごは冷涼な地方（青森県・長野県・岩手県），みかんは温暖な地方（和歌山県・静岡県・愛媛県），ぶどうは水はけのよい扇状地（山梨県・長野県・山形県）で多く生産されるなど，気候や地形に合わせた栽培が行われている。

🔍【食料自給率】
国内で消費する食料のうち，国内の生産でまかなえる割合のこと。日本の食料自給率は40%と低い。米の自給率は100%近いが，小麦は15%前後，大豆は10%以下でほとんどを輸入に頼っている。

○ **159ページ 15行め**
以前は**遠洋漁業**や**沖合漁業**が盛んでしたが，（…）。

🔍 〔**遠洋漁業**〕
遠く離れた海域で行われる漁業。南太平洋やインド洋，アフリカ沖などやオホーツク海，ベーリング海などの北洋漁場に大型の漁船で出かける。各国の排他的経済水域の設定で漁獲量が減った。

🔍 〔**沖合漁業**〕
陸地からおよそ200海里（370km）以内の沖合で行われる漁業。2〜3日かかる場合もある。地域によって魚の種類は多様である。

○ **159ページ 17行め**
こうしたなかで，魚介類を確実に供給するため，**養殖業**や**栽培漁業**が行われています。

🔍 〔**養殖業**〕
いけすなどで魚や貝などを人工的に育て，収穫する漁業。海面を利用して はまち，ほたて貝，えび，真珠，のりなどの養殖や，池などを利用して うなぎ，あゆなどの養殖が行われている。

🔍 〔**栽培漁業**〕
漁業資源を増やすため，卵を孵化させて育てた稚魚や稚貝を海や川に放流し，成長してから漁獲する漁業。

教科書の\答え/をズバリ！

確認しよう p.159 稲作と畜産が盛んな地域

稲作…全国各地の平野部。特に東北地方や北陸地方。

畜産…北海道や鹿児島県や宮崎県など。

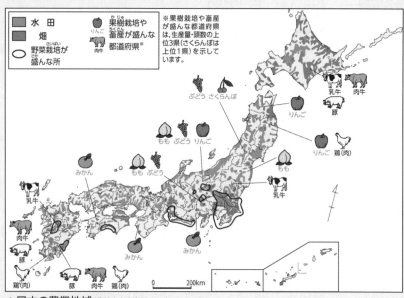

▲**日本の農業地域**（農林水産省資料，ほか）

説明しよう p.159 農林水産業の抱える課題

例 農業においては，自然災害によって収穫量や価格が変動しやすいこと，海外から輸入される安い農作物の増加で農家の経営が厳しいこと，農業従事者の高齢化などの課題がある。林業においては，海外からの輸入木材との競合，漁業においては，漁業権や不漁などによる漁獲量の減少が課題となっている。

⑨ 日本の工業とその変化

CHECK! ☺

確認したら ✓ を書こう

ポイント 日本の工業は軽工業から重化学工業，先端技術産業へと発展し，工業地域は臨海部だけでなく内陸部にも広がっている。海外との競争が激しくなる中で近年は国内の生産が衰退する<u>産業の空洞化</u>が課題である。

教科書ナビ

● **160ページ 3行め**
日本の工業は繊維工業などの**軽工業**から始まり，しだいに大きな敷地と設備が必要な**重化学工業**，そして高度な知識と技術を使った**先端技術産業**（ハイテク産業）へと発展してきました。

● **160ページ 9行め**
（…）関東地方から九州地方北部にかけての沿岸部とその周辺に**太平洋ベルト**とよばれる（…）。

● **160ページ 11行め**
1970年代以降は，**輸送機械工業**や**電気機械工業**などの組み立て型の工業が発展し，（…）。

● **161ページ 4行め**
（…）優れた工業製品を作って輸出する**加工貿易**によって発展してきました。

徹底解説

🔍 【軽工業】
日常生活で使う重量の軽い製品をつくる工業。食品工業や繊維工業，印刷業など。

🔍 【重化学工業】
<u>金属</u>工業や<u>機械</u>工業のような重い製品をつくる重工業と，さまざまな原料を化学的に処理して製品をつくる<u>化学</u>工業を合わせたよび方。技術と大資本を必要とする。

🔍 【先端技術産業】
高度な知識と技術を利用して工業製品などを生産する産業の総称。<u>コンピュータ関連</u>産業，<u>航空宇宙</u>産業，バイオテクノロジーなどさまざまな分野が含まれる。

🔍 【太平洋ベルト】
<u>関東</u>地方南部から<u>九州</u>地方北部にかけて帯状に，工業地帯・工業地域や大都市が集中する地域。工業原料や燃料を輸入しやすい臨海部に広がり，大都市が連なって，主要幹線道路や新幹線が通っている。

🔍 【輸送機械工業】
自動車，鉄道車両，船などをつくる工業。自動車工業は，約3万点におよぶ部品を使う大規模な組み立て型の工業で，鉄鋼やゴム，ガラスなど関連産業が多く，その動向は経済に大きく影響する。

🔍 【電気機械工業】
発電機・変圧器などの重電機や照明器具・テレビなどの家庭用機器などをつくる工業。電気機械工業は，組み立て型の工業で，近年は輸送に便利な内陸部の高速道路沿いにも多く立地する。

🔍 【加工貿易】
原材料や半製品（製造途中の製品のこと）を輸入し，それを工業製品に加工して輸出する貿易のこと。資源の少ない日本は，石油や鉄鉱石などの原料を輸入し，これを加工して鉄鋼や機械製品を輸出する加工貿易によって発展してきた。アジア各国の工業化にともない，近年は輸出入の第1位はともに機械類が占めるようになり貿易の形が変化している。

第3部 第2章

◯161ページ 5行め
（…）1980年代に外国製品との競争のなかで**貿易摩擦**が生じると，（…）。

【貿易摩擦】
貿易を巡って国と国が対立すること。二つの国の間で貿易収支が著しく偏ると，国内の産業や社会に問題が生じ，対立が起こる。1980年代には，日本がアメリカ合衆国に，自動車を大量に輸出したことでアメリカ合衆国内の自動車産業が打撃を受け，日本とアメリカ合衆国間の貿易摩擦が起こった。

◯161ページ 14行め
一部の工業では国内の生産が衰退し，**産業の空洞化**とよばれる現象が（…）。

【産業の空洞化】
工場を海外へ移したり，外国企業からの工業製品の輸入が増えたりして，国内の生産が衰退する現象。製造業の労働者の雇用の機会が失われてしまう点だけでなく，モノをつくる技術が次の世代に受け継がれなくなり，国内産業全体の国際競争力が低下する点なども問題である。

教科書の答えをズバリ！

資料活用 p.161 輸出，輸入における主要品目の変化

1935年	輸入…繊維原料・繊維製品
	輸出…繊維・繊維製品
1975年	輸入…石油
	輸出…機械類
2019年	輸入…機械類
	輸出…機械類

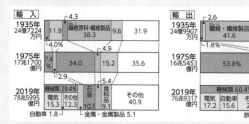

▲日本の貿易品目の変化（財務省貿易統計，ほか）

確認しよう p.161 輸送機械工業が特に盛んな工業地域

中京工業地帯において50.0％を占め，出荷額も多い。

説明しよう p.161 内陸部に新しい工業地域が形成された背景

例 内陸部に新しい工業地域が形成された背景には，各地で交通網の整備が進み，工業団地が高速道路沿いに整備されるようになったことと，組み立て型の工業の部品工場が地方に分散したことがある。

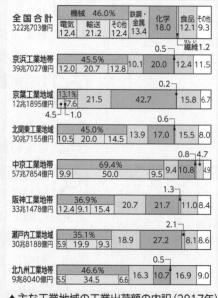

▲主な工業地域の工業出荷額の内訳（2017年）
（平成30年工業統計表）

⑩ 日本の商業・サービス業

ポイント 日本では労働者の約7割が第3次産業に従事している。商業では大型店，コンビニエンスストア，電子商取引，サービス業ではソフトウェア開発，情報・通信，医療・福祉，教育，観光などが拡大している。

教科書ナビ

○162ページ 1行め
産業は，農業・林業・漁業が第1次産業，鉱工業・建設業などが第2次産業，そしてこれら以外の産業が第3次産業に分類されます。

○162ページ 4行め
（…）第3次産業には，小売業や卸売業などの商業や，宿泊・飲食業や金融・保険業，教育などのサービス業があり，（…）。

○163ページ 1行め
そうしたなかで，情報通信技術（ICT）の発達や生活時間の多様化に（…）。

徹底解説

【第1次産業】
自然に働きかけて，食料や原材料となる動植物を生産する産業。農業，林業，漁業を指す。

【第2次産業】
原材料（第1次産業での生産物）を加工して，工業製品や建造物を生産する産業。鉱工業，製造業，建設業など。

【第3次産業】
商業，運輸通信業，飲食などのサービス業，福祉，教育など直接モノを生産しない産業。日本では，第3次産業の就業者数が多い。

【商業】
買った商品をまた売ることで商品を生産者から消費者へと流通させる産業で，卸売業と小売業に分けられる。近年はインターネット上で商品やサービスを売買する電子商取引が拡大している。

【サービス業】
物を提供するのではなく，さまざまなサービスを提供する産業。金融，運輸，郵便，飲食，医療・福祉，教育など多くの種類がある。

【情報通信技術（ICT）】
情報や通信に関連する技術を用いた産業。ICTとはInformation Technology（情報技術）とCommunication Technology（通信技術）を統合した言葉。

教科書の答えをズバリ！

資料活用 p.163 販売額・取引額が伸びている商業形態
例 1985年ごろからコンビニエンスストアが急速に伸び，大型スーパーマーケットの販売額に迫ってきているが，消費者向け電子商取引は2000年ごろから急激に伸び，これらの販売額を上回った。

確認しよう p.163 第3次産業に含まれる業種
商業，医療・福祉，宿泊・飲食サービス業，運輸・郵便業，教育・学校支援業など。

説明しよう p.163 商業・サービス業において拡大している分野や業種
例 商業では，インターネットで商品やサービスを売買する電子商取引が急速に拡大しており，サービス業においては，ソフトウェア開発，情報や通信，医療・福祉，観光などの分野が拡大している。

CHECK!
確認したら✓を書く

⑪ 日本の交通網・通信網

ポイント 高速交通網の発達により国内移動の時間は短縮され，高速通信網の整備により離島や農山村でも生活や医療上の不便が解消されたが，ICTを利用できる人とできない人との間では，情報格差が生まれている。

教科書ナビ

● 164ページ 15行め
（…）都市間を結ぶ**高速交通網**が整備されてきました。

● 165ページ 12行め
（…）**高速通信網**が全国的に整備された日本では，（…）。

● 165ページ 16行め
（…）ICTを利用できる人とできない人との間では，**情報格差**が生まれています。

徹底解説

🔍 【高速交通網】
高速道路や新幹線，航空機などの高速交通の路線が都市の間を網の目のように張り巡らされている。高速交通網の整備によって，地域間の移動にかかる時間が大幅に短縮された。

🔍 【高速通信網】
インターネットや国際電話を使った即時的な通信システムが網の目のように張り巡らされている。通信ケーブルや通信衛星の整備の情報通信機器の普及やパソコンやスマートフォンなどによって可能となった。

🔍 【情報格差】
情報通信機器やインターネットを利用できる人と利用できない人との間に生じる情報量の格差。

教科書の答えをズバリ！

確認しよう p.165 海上輸送と航空輸送で運ばれる物の特徴

海上輸送で運ばれる物
● 機械，自動車，原油，液化天然ガスなど，重く，また大型の製品

航空輸送で運ばれる物
● 半導体や精密機械，医薬品など，軽量で価格が高いもの

輸出 57.4兆円	機械類 34.3%	自動車 19.0	電気製品 9.4	鋼材 5.9	その他 31.4

輸入 60.0兆円	原油 14.8%	液化ガス 9.0	その他 76.2		

▲日本の海上輸送貨物（2018年）
（海事レポート2019）

輸出 23.6兆円	半導体など 16.2%	精密機械 9.7	化学品* 8.6	その他 65.5

輸入 21.3兆円	化学品 16.1%	半導体など 11.6	精密機械 10.5	事務用機器 6.8	その他 55.0

＊医薬品などを含みます。

▲日本の航空輸送貨物（2017年）
（数字でみる航空2019）

説明しよう p.165 交通網や通信網の発達によって生じた変化

例 高速交通網の発達により国内移動の時間は短縮され，高速通信網の発達により離島や農山村でも生活や医療上の不便が解消されたが，ICTを利用できる人とできない人との間では，情報格差が生まれている。

12 さまざまな地域区分

日本全体の特色をつかむために九州，中国・四国，近畿，中部，関東，東北，北海道に分ける7地方区分がよく使われる。ほかに共通性や関連性，目的や基準により数や大きさを変えた地域区分もある。

第3部 第2章

教科書ナビ

○166ページ 1行め
ある地域を、共通性や関連性などを基に，いくつかのまとまりに分けることを**地域区分**といいます。

○167ページ 9行め
日本を九州，中国・四国，近畿，中部，関東，東北，北海道に分ける，7地方区分（…）。

徹底解説

🔍 **【地域区分】**
世界や国などを，共通性や関連性を基に，いくつかのまとまりのある地域に分けること。たとえば，気候の特色で日本を六つの地域に区分したり，正月に食べる雑煮の餅の形で二つの地域に区分したりすることもできる。

🔍 **【7地方区分】**
日本の都道府県をいくつかまとめて，7つの地方に分ける区分法。九州地方，中国・四国地方，近畿地方，中部地方，関東地方，東北地方，北海道地方に分けられる。

教科書の 答え をズバリ！

確認しよう p.167 日本の7地方区分の地方名とその範囲

九州地方…福岡県，大分県，宮崎県，鹿児島県，佐賀県，熊本県，長崎県，沖縄県

中国・四国地方…鳥取県，島根県，岡山県，広島県，山口県，香川県，徳島県，高知県，愛媛県

近畿地方…大阪府，京都府，兵庫県，滋賀県，三重県，奈良県，和歌山県

中部地方…愛知県，静岡県，山梨県，長野県，新潟県，富山県，岐阜県，石川県，福井県

関東地方…東京都，神奈川県，埼玉県，千葉県，茨城県，栃木県，群馬県

東北地方…青森県，岩手県，秋田県，宮城県，山形県，福島県

北海道地方…北海道

▲地方に区分した日本

説明しよう p.167 地域区分によりみえてきた日本の特色

例 工業が集中している地域は平野部に多い。

▲「現在の工業地域」に注目した日本地図

日本の地域的特色

1 学んだことを確かめよう

1　A…親潮（千島海流）　　B…対馬海流
　　C…黒潮（日本海流）

2　ⓐ…エ　　ⓑ…ウ
　　ⓒ…ア　　ⓓ…イ
　　ⓔ…オ

3　右の地図の通り

4　ⓕ…2　　ⓖ…1　　ⓗ…3

5　中部地方

2 「地理的な見方・考え方」を働かせて説明しよう

1　主に火力発電所が分布する地域

　ア）例　本州の沿岸部

2　地域区分と自然環境や交通の関連

　例　山地・山脈には，水力発電所が分布している。

　例　主な港には，火力発電所が分布している。

3　項目の異なる地図を選び，分布の特徴に注目して日本の特色を話し合う

項目	ページと図番号
自然環境に関する地図	p.143図⑥，p.144図③，p.148図④，p.166図①
人口に関する地図	p.154図②，p.154図③，p.166図③
資源・エネルギーと産業に関する地図	p.157図⑤，p.158図①，p.160図③，p.162図②，p.167図⑤
交通・通信に関する地図	p.165図⑧，p.167図⑦，p.169図⑥

　例　p.143図⑥とp.154図②

　主な山地・山脈がある地域の 1 km² あたりの人口は少ない。

　例　p.154図②とp.162図②

　産業別人口に占める第 3 次産業の割合が高いところは，1 km² あたりの人口が多い。

　例　p.165図⑧とp.166図①

　東京から陸続きで行ける本州の地域は航空便が少ないが，東京から陸続きで行けない九州，四国，北海道の地域へは航空便が多い。

　例　p.160図③とp.165図⑧

　主な工業地域が広がる場所に新幹線や主な空港が整備されている。

　例　p.144図③とp.158図①

　大きな川と平野が広がっているところには，古くからの水田が広がっている。特に雪どけ水が豊富な東北地方の日本海側や北陸の平野部で優れた品質の米を生産している。

一問一答 ポイントチェック

答え

第2章
p.142〜

日本の地域的特色

❶ロッキー山脈，アンデス山脈，日本列島が含まれる造山帯を何というか？
❶環太平洋造山帯

❷本州のほぼ中央部を南北にのびて，東北日本と西南日本を分けている溝状の地形を何というか？
❷フォッサマグナ

❸川が谷から平地に流れ出る出口周辺に粒の大きい砂や石が堆積してできる地形を何というか？
❸扇状地

❹海岸線がのこぎりの刃のように入り組んでいる海岸は何か？
❹リアス海岸

❺日本の気候区のうち，北西の季節風の影響で冬の降水量が多いのはどの気候区か？
❺日本海側の気候

❻日本の気候区のうち，一年中温暖で降水量が少ないのはどの気候区か？
❻瀬戸内の気候

❼海底で起きた地震で海水が押し上げられて生じる高波は何か？
❼津波

❽大雨で水分を大量にふくんだ土砂や岩などが混じり合って一気に山の斜面を流れ下る現象を何というか？
❽土石流

❾災害が起きたとき，被害をできるだけ少なくすることを何というか？
❾減災

❿災害によって起こる被害の範囲や危険地帯，避難場所などを示した地図を何というか？
❿ハザードマップ

⓫縦軸に年齢，横軸に各年齢層の割合を取り，国や地域の人口構成を示したグラフを何というか？
⓫人口ピラミッド

⓬人口が減少し，日常の社会生活を営むことが難しくなる状態を何というか？
⓬過疎

⓭地下に埋蔵されている有用な鉱物を何というか？
⓭鉱産資源

⓮太陽光や風力のように，限りなく使えるエネルギーのことを何というか？
⓮再生可能エネルギー

⓯温暖な気候や施設を利用して，出荷時期を早める栽培方法を何というか？
⓯促成栽培

⓰200海里（370km）以内の漁場で行う漁業を何というか？
⓰沖合漁業

⓱関東地方から九州地方にかけて広がる帯状の工業地域は何か？
⓱太平洋ベルト

⓲原料を輸入して製品を輸出する貿易を何というか？
⓲加工貿易

⓳海外に工場が移転して，国内の工場や雇用が減る現象は何か？
⓳産業の空洞化

⓴商業や金融，サービス業などの産業をまとめて何というか？
⓴第3次産業

㉑インターネットを利用できる人とできない人との格差を何というか？
㉑情報格差

① 九州地方の自然環境

ポイント 九州地方は，火山，カルデラ，平野，リアス海岸，南西諸島の島々，サンゴ礁など自然に恵まれ農業や漁業が盛んだが，季節風や台風の影響で集中豪雨による洪水，崖崩れなどの自然災害が起こりやすい。

教科書ナビ

●174ページ 4行め
九州の中央部には阿蘇山の巨大な**カルデラ**があり，（…）。

●174ページ 6行め
（…）桜島や霧島山などの**火山**があり，現在も活発に活動していて，たびたび噴火しています。

●174ページ 10行め
海岸線に目をやると，九州の北西部は**リアス海岸**となっていて，（…）。

●175ページ 1行め
（…）日本最大の干潟をもつ**有明海**があり，（…）。

徹底解説

🔍 **〔カルデラ〕**
火山の山頂部分が落ち込んでできた大きなくぼ地のこと。噴火や陥没によってできる。カルデラをふちどる環状の尾根を外輪山という。阿蘇山のカルデラは南北約25km，東西約18km，面積約380km²で，世界最大級の大きさである。

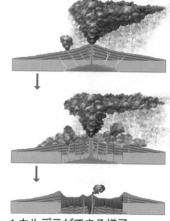

▲カルデラができる様子

🔍 **〔火山〕**
地球内部の高温のマグマが噴出してできた山，またはマグマが噴出する火口をもった山のこと。おおむね1万年以内に噴火した火山および現在活発な噴気活動をしている火山を活火山という。九州地方は時に活発な活動をする火山が多い。阿蘇山や雲仙岳，桜島，霧島山は活火山である。

🔍 **〔リアス海岸〕**
海岸線がのこぎりの刃のように入り組んだ海岸。沿岸漁業や養殖業が盛ん。九州地方では，北西部に位置する対馬・五島列島（共に長崎県）などにみられ，真珠の養殖が盛んである。

🔍 **〔有明海〕**
佐賀県，福岡県，熊本県，長崎県に囲まれた内海。その面積1700km²は東京湾よりも広い。日本最大の干潟をもち，のりの養殖が盛ん。この干潟で生息する動物としてムツゴロウがいる。ラムサール条約登録湿地の一つでもある。

▲佐賀県，福岡県，熊本県，長崎県に囲まれる有明海

○**175ページ 4行め**
南西諸島には数多く
の島があり，サンゴ礁
の海など（…）。

🔍 **【南西諸島】**
鹿児島県の大隅半島の南から，日本の西端（与那国島）までの約1200kmの間にある鹿児島県と沖縄県に属する島々。吐噶喇列島，奄美諸島（ともに鹿児島県），沖縄諸島，先島諸島（ともに沖縄県）などが属する。夏の気温は本州と変わらないが，黒潮の影響で，冬でも温暖である。

○**175ページ 13行め**
雨は梅雨の時期から
台風が通過する時期に
かけて特に多く，（…）。

🔍 **【梅雨】**
6月上旬から7月中旬にかけて降る長雨のこと。梅の実がなる頃に降る長雨なので梅雨とよばれる。この時期は，南の暖かく湿った空気と北の冷たい空気とがぶつかって梅雨前線が発生し，東北地方よりも南の日本各地で長雨が続く。

🔍 **【台風】**
夏から秋にかけて，日本などの東アジアをおそう熱帯低気圧。太平洋上で発生し，大きなうずをつくりながら北上してくる。強風や豪雨をもたらすため，西南日本や南西諸島などの通過地域では洪水や土砂崩れなどの災害が起こる。

教科書の\答え/をズバリ！

資料活用 p.175 那覇の気温，宮崎の降水量

● 那覇の気温…冬でも15℃以上と暖かく，年平均気温は約23℃。

● 宮崎の降水量…年降水量は約2500mmと多く，特に，梅雨，台風の季節には，月降水量が350mm以上になる。

▲九州地方の主な都市の雨温図（理科年表2020）

確認しよう p.175 九州地方の地形と気候の特色

● 地形…阿蘇山の巨大なカルデラ，九州山地の険しい山々，現在も活発に活動している火山，北西部のリアス海岸，日本最大の干潟をもつ有明海，南西諸島には数多くの島々とサンゴ礁の海，北部や東西の海岸沿いに広がる筑紫平野などの平野。

● 気候…冬でも比較的温暖，夏は多くの雨が降る，梅雨や台風が通過する時期は，特に雨量が多い。

説明しよう p.175 九州地方で起こる自然災害とその原因

例
● 自然災害…洪水，崖崩れ，水不足など。

● 原因…夏から秋にかけて南の太平洋上から湿った季節風が吹き，梅雨や台風の時期に特に雨が多く，集中豪雨によって洪水や崖崩れが起こる。南西諸島の島々では，雨は多いが大きな河川や湖がない。

CHECK!
確認したら✓を書く

② 火山と共にある九州の人々の生活

ポイント　九州の人々は，火山の噴火による火山灰の影響を日常的に受け，ときには命に関わる噴石，火砕流による災害と向き合いながら暮らしているが，温泉や地熱発電のように火山の恵みを産業に生かしている。

教科書ナビ

○176ページ 3行め
（…）わずか4kmほどの所にある桜島は，頻繁に噴火を起こす火山として（…）。

○177ページ 6行め
（…）地下水を温めて，温泉も作り出します。

○177ページ 16行め
国内の地熱発電所の6割が九州地方にあり，（…）。

徹底解説

〔火山〕
九州地方では，雲仙岳や霧島山など現在でも活発な噴気活動をしている活火山がある。火山活動によって火砕流や地震などを引き起こし，大きな被害が出ることもある。一方，地下のマグマの影響を受けて，温泉も多く存在する。

〔温泉〕
地熱で地下水が温められ，湯となってわき出るもので，温度が25℃以上のものを温泉という。温泉は火山活動が活発で地熱の高い地域に多くみられる。九州地方では，大分県の別府温泉や湯布院温泉，熊本県の黒川温泉，鹿児島県の指宿温泉などが有名。

〔地熱発電所〕
火山活動で熱せられた地下水や蒸気を利用して電気を得るための発電施設。地熱発電は，自然のエネルギーを利用し，二酸化炭素を排出しないため，再生可能エネルギーとして注目されている。

教科書の 答え をズバリ!

資料活用 p.177　八丁原地熱発電所の位置

右の地図の通り

確認しよう p.177　九州地方の主な火山と温泉地

右の地図の通り

説明しよう p.177

火山が人々の生活や産業に与えている影響

例　火山噴火による火山灰の影響を日常的に受け，ときには命に関わる噴石，火砕流による災害と向き合いながら暮らしている。火山がつくり出す温泉は地域経済を支える貴重な観光資源として地域を支えている。また火山の熱を利用した地熱発電をエネルギー産業に生かしている。

九州地方の主な温泉地と宿泊者数▶
（平成30年版温泉利用状況，ほか）

第3部　第3章　第1節　九州地方

CHECK! ･･
確認したら✓を書こう

教科書
178
～
179
ページ

③ 自然を生かした九州地方の農業

ポイント
九州南部では，水はけのよいシラス台地で畜産や茶の栽培，温暖な宮崎平野で野菜の促成栽培が盛んである。北部では，筑紫平野で小麦，大麦の二毛作やいちごの栽培が盛んに行われている。

教科書ナビ

○178ページ 2行め
（…）厚く積もって出来た台地（シラス台地）が広がっています。

○178ページ 16行め
（…）家畜の餌となる作物の栽培とともに，畜産が盛んになり，（…）。

○179ページ 10行め
（…）米以外の作物を栽培する二毛作が行われてきました。

○179ページ 17行め
九州南部は，冬でも温暖な気候を生かした野菜の促成栽培が盛んで（…）。

徹底解説

🔍 【シラス台地】
シラスとよばれる火山の噴出物が積もってできた台地。九州南部の鹿児島県から宮崎県にかけて広く分布している。水分を保ちにくいので農業に適さないが，第二次世界大戦後は開発が進められ，さつまいもをはじめ野菜や茶，飼料用作物の畑作や，畜産が行われている。

🔍 【畜産】
牛，豚，鶏などの家畜などを飼い，人間の生活に必要な肉，卵，乳などを生産したり，皮や毛を得る産業。農業と結びついて発展しており，九州地方では，鹿児島県，宮崎県などで盛んである。

🔍 【二毛作】
同じ農地で1年に2回，種類の異なる作物を栽培すること。九州北部の筑紫平野では，冬でも温暖な気候を利用して，夏に稲作を行い，秋から冬にかけて小麦や大麦の栽培が行われる。

🔍 【促成栽培】
温暖な気候を利用して，出荷時期を早める栽培方法で，温室やビニールハウスを利用することが多い。出荷時期を早めることで，野菜を高く売ることができる。

教科書の 答え をズバリ！

資料活用 p.179　小麦の収穫と田植えの時期

5月に小麦の収穫を終えた田では，7月には田植えを終える二毛作を行っている。

確認しよう p.179　九州南部と北部の代表的な農畜産物

● 九州南部…豚（鹿児島県，宮崎県），鶏（宮崎県，鹿児島県），きゅうり，ピーマン（宮崎県），トマト（熊本県），さつまいも（鹿児島県），茶（鹿児島県）。

● 九州北部…小麦，大麦，米（佐賀県，福岡県），いちご（福岡県，熊本県）。

説明しよう p.179　九州南部と北部の農畜産物と地形・気候の関係

例　● 九州南部…古くから肥料用に家畜が飼育されており，餌の作物の栽培とともに畜産が盛んになった。また，水はけのよいシラスは茶の栽培に適しており，茶の生産が増加した。温暖な宮崎平野では野菜の促成栽培が盛ん。

● 九州北部…冬でも温暖な筑紫平野では，小麦や大麦の二毛作が行われている。大消費地の福岡市に近いことから，ビニールハウスを利用したいちごやなすなどの生鮮野菜の栽培が盛ん。

❹ 都市や産業の発展と自然環境

ポイント 古くから福岡は大陸に近いことを生かして発展してきた。北九州工業地帯は，深刻な公害を克服し環境保全を進めている。九州最大の福岡市は国内外からの人の行き来が多く，観光業も盛んである。

教科書ナビ

◉181ページ 5行め
（…）1901年に官営の八幡製鉄所が造られ，鉄鋼業を中心とした北九州工業地帯へと発展しました。

◉181ページ 8行め
また，水質汚濁などの公害が深刻化した時期もありました。

◉181ページ 12行め
九州では，1970年代にIC（集積回路）の工場が急増し，（…）。

徹底解説

🔍 **[北九州工業地帯]**
筑豊炭田に近く，中国からの鉄鉱石の輸入に便利な現在の北九州市で1901年に官営八幡製鉄所が操業を開始することで発展した工業地帯。1970年代にはIC（集積回路）生産が増え，近年では，輸出に便利な臨海部を中心に自動車関連工場の進出が目立っている。

🔍 **[公害]**
工業化や都市化が原因で生じた大気汚染，水質汚濁，騒音，地盤沈下などの自然環境や生活環境の悪化による被害のこと。高度経済成長期以降に日本各地で発生し，公害病をもたらしたものもあった。なかでも熊本県や鹿児島県で発生し，四大公害病の一つである水俣病は，深刻な被害を生んだ。

🔍 **[IC（集積回路）]**
シリコンでつくった薄い基盤の上に二つ以上の超小型の回路を集めて組み合わせた電子装置のこと。パソコンや携帯電話など，ほとんどの電気製品に組み込まれている。近年は，外国企業との競争激化により，九州での生産量は下がってきている。

教科書の 答え をズバリ！

資料活用 p.180　福岡市から海外の主な都市，東京までの距離

ペキン…約1400km，　　シャンハイ…900km，　　タイペイ…約1300km，
ソウル…約500km，　　東京…約900km

資料活用 p.181　九州地方の機械・金属の出荷額の変化

1960年と2017年を比較すると，金属の出荷額が占める割合は30.1%から14.2%と低くなり，機械の出荷額が占める割合は12.0%から41.2%と高くなっている。

確認しよう p.181　福岡市，博多湾，八幡製鉄所，筑豊炭田の位置

右の図の通り

説明しよう p.181　福岡県で観光業や工業が発展した理由

例　政府の出先機関や大企業の支社などが集中する福岡県は，アジアの主要都市と航空路線で結ばれている。その路線を利用して，距離的にも近い福岡県を仕事だけでなく，買い物や観光に訪れるアジアの人が増えたことから，観光業が発展した。また，工業においても，原料の輸入や出来上がった製品の輸出に便利である福岡県の港と中国が距離的にも近かったことで発展した。

⑤ 南西諸島の自然と人々の生活や産業

> **ポイント** 一年中温暖で日本のほかの地域と異なる自然が広がる南西諸島では，台風の被害から生活を守りながら，自然，伝統的工芸品，郷土料理を生かした観光業，南国の農作物を栽培する農業などを発展させている。

教科書ナビ

○182ページ 1行め
（…）一年中温暖な気候の下，**サンゴ礁の美しい海**，（…）。

○182ページ 4行め
また，南西諸島に上陸する台風は，雨風が強く，人々の暮らしにも（…）。

○183ページ 9行め
首里城などの史跡や，織物や染め物などの**伝統的工芸品**，（…）

徹底解説

🔍 **〔サンゴ礁〕**
温かく浅い海に生息するサンゴの死骸や分泌物が長い時間かけて積み重なってできた石灰質の岩。水温25℃〜30℃ぐらいで水深20m〜40mより浅く，透明で日光がとどく海域で形成される。

🔍 **〔台風〕**
夏から秋にかけて，東アジアを襲う熱帯低気圧。強風や豪雨をもたらす。西南日本や南西諸島など多く通過する地域では洪水や崖崩れなどの災害が起こりやすい。

🔍 **〔伝統的工芸品〕**
古くから受けつがれてきた伝統的な技術でつくられ，日常的に使われる工芸品。地域の自然環境のもと，手に入れやすい原材料を生かして作られているものが多い。南西諸島の伝統的工芸品は，中国，朝鮮など外国の影響を受けつつ，琉球王国の独自の文化の中で育まれた。近年，その後継者不足が問題になっている。

教科書の答えをズバリ！

資料活用 p.182 沖縄県の伝統的家屋が石垣や樹木で囲まれている理由

南西諸島に上陸する台風の強い雨風の被害を少なくするため。

資料活用 p.183 全国と沖縄県の第3次産業の割合

全国の第3次産業の割合は71.0％だが，沖縄県は80.0％と高くなっている。

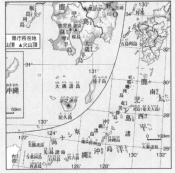
▲南西諸島

確認しよう p.183 南西諸島の島々の位置

右の図の通り

説明しよう p.183 沖縄らしさが見られる生活や産業の自然との関わり

例
● **暴風に備えた家屋**

雨風が強い南西諸島の台風の被害を少なくするため，石垣や樹木で家の周りを囲んでいる。

● **自然を生かした観光業**

サンゴ礁の美しい海などの自然を生かした観光業が盛ん。リゾート開発も進む。

● **温暖な気候を生かした畜産業**

冬の間も牧草が育つ利点を生かして，肉牛の飼育も盛ん。

節の学習を振り返ろう

九州地方

1 学んだことを確かめよう

1　A：長崎市，長崎県　B：佐賀市，佐賀県　C：福岡市，福岡県　D：大分市，大分県　E：熊本市，熊本県　F：宮崎市，宮崎県　G：鹿児島市，鹿児島県　H：那覇市，沖縄県

2　ⓐ筑紫　ⓑ阿蘇　ⓒ九州　ⓓ南西

3　①米　②二毛　③畜産　④北九州　⑤公害　⑥温泉　⑦地熱　⑧促成　⑨サンゴ　⑩観光

写真を振り返ろう

㋐：火山　㋑：温泉　㋒：カルデラ　㋓：二毛作　㋔：促成栽培　㋕：サンゴ礁

2 「地理的な見方・考え方」を働かせて説明しよう

ステップ1　この地方の特色と課題を整理する

①　**例**　桜島，桜島上空の風向き予報（天気予報），火山灰回収袋，シラス台地

ステップ2　「節の問い」への教えを説明する

作業1　**例**　九州地方には火山や温泉が多く，火山灰が堆積したシラス台地も広がる。海に囲まれており，南西諸島ではサンゴ礁も見られる。年間を通して温暖な気候だが梅雨や台風の時期には雨が多い。

作業2　**例**　九州地方の人々は，火山や火山灰の被害にあうことも多いが，**温泉**を観光資源として生かしている。シラス台地を中心に**畜産**が盛んに行われ，温暖な気候を生かして米の**二毛作**も行われている。

ステップ3　持続可能な社会に向けて考える

作業1　**例**　限りある資源を大切に使う暮らしが求められているため，九州地方の火山活動で生じる地熱を利用した再生可能エネルギーへの取り組みを行うとよい。

　　　　例　国内外からの観光客を増やして観光業をさらに活性化させるために，南西諸島で見られる美しいサンゴ礁を保護する取り組みをするとよい。

作業2　**例**　温暖化による海水温の上昇が原因で，観光資源のサンゴ礁が死滅することがないよう，家庭でも省エネに気を配る。

　　　　例　再生エネルギーの地熱発電の発電所を増やすのは難しいので，温暖化の原因となる二酸化炭素を吸収してくれる樹木を植える活動（植林）を積極的に行う。

作業3　省略

私たちとの関わり

例　大きな河川が流れているため，増水して堤防が決壊すると町に水が入り，家屋が浸水する恐れがある。そのため，梅雨や台風などの雨量が多い時期には，特に雨量や川の増水量に注意する必要がある。

自然環境の再生から資源循環型社会へ
～工業の発展と公害をいち早く経験した福岡県北九州市を例に～

● **北九州市ではどのように公害が発生し，どのように克服したのかな？**

　北九州市の洞海湾は明治時代には干潟があり，くるまえびなどの魚介類もとれる豊かな海だったが，官営の八幡製鉄所の建設と同じ時期から埋め立てが行われた。次々と工場が建設され，東西約20kmもあった湾は，かつての自然景観が分からなくなるほど変化した。

環境の悪化

▶1960年代…工場の排煙で大気汚染が発生した。

　→ぜんそくで苦しむ人が増えた。

　→「死の海」とよばれるほど海の色が変色した。

公害の克服

▶1970年代…環境の改善を求める市民運動が盛んになった。

　→煙や ばいじん を規制する条例が作られた。

　→市民，自治体，企業が協力した環境改善の取り組みが

　　進んだ。

　→きれいな空と海を取り戻した。

▲日本の公害（2018年）

（環境白書　令和元年版）

● **「環境モデル都市」として，どんな取り組みをしているのかな？**

　北九州市は，公害を克服した経験を生かして，廃棄物を再利用する事業などに取り組んでいる。

北九州エコタウン事業

● あらゆる廃棄物を再び原料として活用する。

● 最終的に廃棄物をゼロにすることで資源循環型社会の実現を目指す。

再生可能エネルギーの活用

● 太陽光，風力などを活用する。

● 地球温暖化の原因となる二酸化炭素の排出を抑えた社会をつくる。

「環境首都」を目指す

● 2018年にSDGs（持続可能な開発目標）の推進に向けた世界モデル都市にアジアで初めて選定された。

● 国内外に向けて先進的な取り組みを発信している。

SDGs（Sustainable Development Goals）「持続可能な開発目標」

　2015年に国際連合で採択された，世界のさまざまな問題を2030年までに解決するための17の目標で，「貧困をなくそう」「飢餓をゼロに」「人や国の不平等をなくそう」「住み続けられるまちづくりを」「気候変動に具体的な対策を」などがある。

① 中国・四国地方の自然環境

ポイント 山陰は，北西の季節風の影響で冬に雪が多い。中国山地と四国山地にはさまれている瀬戸内は1年を通して降水量が少ない。南四国は暖流の影響で1年を通して温暖で，南東の季節風の影響で夏に雨が多い。

教科書ナビ

◎190ページ 5行め
（…）中国・四国地方は，山陰・瀬戸内・南四国の三つの地域に分けられます。

◎191ページ 4行め
日本海に面する山陰では，冬に吹く北西からの季節風の影響で（…）。

◎191ページ 8行め
（…）水不足になりやすく，古くから農業用のため池や用水路が整備されてきました。

徹底解説

🔍 **〔山陰〕**
中国・四国地方で中国山地の北側の日本海側の地域。冬は北西の季節風の影響で山沿いを中心に雪が多く，南側の瀬戸内海側は山陽という。

🔍 **〔瀬戸内〕**
中国・四国地方の瀬戸内海に面した地域。中国山地と四国山地に挟まれて季節風がさえぎられて晴天が多く，降水量が少ない。

🔍 **〔南四国〕**
中国・四国地方の太平洋側の地域を指す。沖を暖流の黒潮（日本海流）が流れているので，1年を通して温暖な気候である。台風の通り道になることが多く，暴風や大雨に見舞われることが多い。

🔍 **〔季節風〕**
夏は南東（太平洋から）の湿った季節風が四国山地にぶつかって太平洋側に雨を降らせ，冬は日本海上で水分を含んだ北西（大陸側から）の季節風が中国山地にぶつかって日本海側に雪を降らせる。

🔍 **〔ため池〕**
瀬戸内の地域は雨が少なく，大きな河川がなく水不足になりやすい。そのため，多くのため池をつくり，農業用水，工業用水などに利用した。瀬戸内には5万か所以上のため池がある。

教科書の答えをズバリ!

資料活用 p.191 鳥取市，高松市，高知市の降水量の違い
鳥取市…冬の降水量が多い。高松市…1年を通して降水量が少ない。　高知市…夏の降水量が多い。

確認しよう p.191 気候に影響を与える山地の位置と名称，鳥取市・高松市・高知市の位置　右の図の通り

説明しよう p.191 中国・四国地方の気候の特色

例　山陰…冬には北西からの季節風が中国山地にぶつかり，多くの雪を降らせる。

瀬戸内…中国山地と四国山地にはさまれているため季節風がさえぎられるので，晴天の日が多く，1年を通して降水量が少ない。

南四国…沖を暖流の黒潮が流れているので，1年を通して温暖である。南東からの季節風の影響で夏は雨が多い。

② 交通網の整備と人々の生活の変化

ポイント
中国・四国地方では，本州四国連絡橋の開通や自動車道など陸上交通網の整備も進んで人や物の移動が活発になっているが，消費が大都市に吸い寄せられ地方都市の経済が衰退するという課題も生じている。

教科書ナビ

○192ページ 6行め
(…) 1988年には本州四国連絡橋の一つである瀬戸大橋が開通しました。

徹底解説

🔍 【本州四国連絡橋】

瀬戸内海を横断して本州と四国を結ぶ橋の総称。

①神戸（兵庫県）〜鳴門（徳島県）ルート

1998年に全線開通。鳴門（徳島県）〜淡路島（兵庫県）間の大鳴門橋，淡路島〜神戸（兵庫県）間の明石海峡大橋の二つの橋でつながっている。

②児島（岡山県）〜坂出（香川県）ルート

1988年に全線開通。瀬戸大橋とよばれ，瀬戸内海の小島を利用して六つの橋が連続している。全長は約9.4kmで，上段が道路，下段が鉄道の二階建てになっている。

この橋の開通によって，岡山市〜高松市間の所要時間は約50分と今までのほぼ半分に短縮された。

③尾道（広島県）〜今治（愛媛県）ルート

1999年に全線開通。「しまなみ海道」と総称され，瀬戸内海の島々に9本の橋がかけられている。各橋に自転車・歩行者用の道路が設けられていてサイクリングやウォーキングが可能である。

第3部
第3章
第2節

教科書の 答え をズバリ！

資料活用 p.193 **瀬戸大橋の開通による通行量と内訳の変化**

フェリーを利用するしかなかったのが，瀬戸大橋開通後はほとんどの自動車が橋を利用するようになり，通行量は約3倍に増えた。

確認しよう p.193 **本州と四国を結ぶ三つのルートの位置と名称**

● しまなみ海道（尾道〜今治ルート）

● 瀬戸大橋（児島〜坂出ルート）

● 大鳴門橋と明石海峡大橋（神戸〜鳴門ルート）

説明しよう p.193 **本州四国連絡橋の開通と島に暮らす人々の生活の変化**

例 本州と四国，瀬戸内海の島々の間の移動時間が大幅に短縮されたので，瀬戸内海を渡って通勤・通学する人が増え，神戸や大阪へ日帰りで出かける買い物客も増加した。一方で，買い物客が大都市に吸い寄せられて，地方都市の消費が落ち込み，経済が衰退するという課題も生じている。

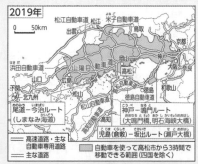

▲中国・四国地方の高速道路網と所要時間

（本州四国連絡高速道路資料，ほか）

③ 瀬戸内海の海運と工業の発展

ポイント 瀬戸内では，広大な土地が利用でき，大きく重い原料や製品を船で輸送しやすかったことなどから重化学工業が発展してきた。近年は外国との競争に勝つため，最先端技術を用いた製品開発が進められている。

教科書ナビ

◉194ページ 4行め
（…）工業地帯などから工場の移転が進み，**瀬戸内工業地域**が形成されました。

◉194ページ 7行め
（…）国内外に輸送したりしやすいため，**石油化学工業や製鉄業，造船業**，（…）。

◉194ページ 10行め
（…）愛媛県新居浜市などには**石油化学コンビナート**が形成され，（…）。

徹底解説

【瀬戸内工業地域】
瀬戸内海沿岸の都市を中心に発展した工業地域。古くから綿織物工業や造船業が盛んで，第二次世界大戦後は塩田の跡地や埋め立て地を利用して工場用地がつくられた。臨海部は，大型貨物船を利用して鉄鉱石や原油を輸入したり，重い製品を輸送したりするのに便利なことから，石油化学工業や金属工業などの重化学工業が発達。

【石油化学工業】
化学反応を利用して製品をつくる工業を化学工業といい，そのうちの石油や天然ガスを原料として薬品や化学肥料，合成樹脂などの製品をつくる工業。プラスチック，タイヤ，化学繊維，洗剤，医薬品などがある。広い用地と用水に恵まれた臨海工業地域に多く分布する

【石油化学コンビナート】
コンビナートとは，関連する工場を港湾などにまとめ，効率よく生産できるようにつくられた地域のこと。石油化学工業では，原油を精製する石油精製工場を中心に，石油を原料として製品をつくるプラスチック工場などが集まってパイプラインで結ばれている。

教科書の 答え をズバリ！

資料活用 p.195 出荷額の多い地域

岡山県…倉敷市水島地区
広島県…広島市，福山市
山口県…周南市
香川県…坂出市
愛媛県…今治市

確認しよう p.195 瀬戸内の臨海部で盛んに造られている工業製品

鉄鋼，自動車，車両，船舶，パルプ・紙，プラスチックなどから3つ。

説明しよう p.195 瀬戸内で工業が発達した理由

例 瀬戸内では，かつて盛んだった製塩業の塩田の跡地や埋め立て地など広大な土地が利用できたことや，臨海部は大型貨物船を使って海外から原料を大量に輸入したり，大きく重い工業製品を国内外に輸送しやすいことなどから工業が発達した。

▲瀬戸内工業地域の主な工業と出荷額 （平成29年工業統計表，ほか）

④ 交通網を生かして発展する農業

ポイント 瀬戸内や南四国では温暖な気候を利用した農業が盛ん。瀬戸内では雨が少ない気候でかんきつ類を，高知平野では野菜の促成栽培を行う。橋の開通や高速道路網の整備などで，市場は拡大している。

教科書ナビ

◯197ページ 1行め
（…）ビニールハウスを利用した**促成栽培**が行われています。

◯197ページ
地理プラス
愛媛県南部の宇和海沿岸（…）養殖が盛んです。

徹底解説

🔍 **〔促成栽培〕**（そくせいさいばい）
温暖な気候を利用して，出荷時期を早める栽培方法。温室やビニールハウスを利用することが多い。出荷時期を他の産地より早めることで野菜を高く売ることができる。南四国の高知平野では，夏が旬のなすやピーマンなどの促成栽培が行われ，冬から春にかけて高値で出荷されている。

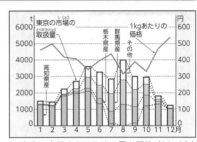
▲東京に出荷されるなすの量と価格 (2019年)
（東京都中央卸売市場資料」）

🔍 **〔養殖業〕**（ようしょく）
愛媛県南部の宇和海沿岸はリアス海岸が広がり，たい，ぶり，ひらめ，真珠などの養殖が盛ん。かんきつ類の果汁を絞った後に残る皮を餌とした養殖の魚は「みかん鯛」「みかんブリ」などの名称で販売されている。魚臭さが少なく，かんきつ系の風味があるという。

教科書の 答え をズバリ！

資料活用 p.196　かんきつ類の出荷時期

　みかん（露地栽培），伊予かん・せとか・デコポンは，秋から春にかけての出荷，みかん（温室栽培）は春，夏の出荷で，1年を通して何らかのかんきつ類が出荷されている。

資料活用 p.197　高知県から離れた地域への輸送手段

- ●新潟・長野，中国・四国，大阪・名古屋へ
　…トラック
- ●札幌へ…トラック，フェリー，鉄道
- ●仙台へ…トラック，鉄道
- ●東京へ…トラック，航空機，鉄道

確認しよう p.196　中国・四国地方で生産が盛んな農作物

かんきつ類（みかん，伊予かん，せとか，デコポン），オリーブ，レモン，なす，ピーマン，白桃，マスカット

（農林水産省資料，ほか）

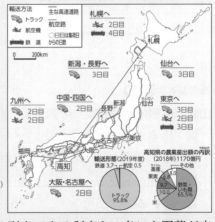
▼高知県の農業産出額と野菜の輸送形態，主な出荷先への輸送手段

説明しよう p.197　南四国で促成栽培を行う理由

　例 野菜を端境期に出荷することができ高値で取り引きできる利点と，冬にも野菜が出荷できることで年間を通して安定した収入が得られる利点がある。

⑤ 人々を呼び寄せる地域の取り組み

ポイント 過疎化が進んでいる中国山地や四国山地の山間部，瀬戸内海の離島では，文化財や史跡，農産物，伝統芸能，世界遺産などの観光資源を生かして，観光客を呼び寄せるなど地域おこしの取り組みを行っている。

教科書ナビ

● 198ページ 1行め
（…）瀬戸内海の離島では，ほかの地域よりも早くから過疎化が進みました。

● 198ページ 9行め
（…）情報通信技術（ICT）関連企業を誘致したりするなど，地域おこしの取り組みが行われています。

徹底解説

🔍 **【過疎】**
人口が減少し，社会生活を営むことが難しくなる状態のこと。若者が都市へ流出して人口が減少すると，学校や医療機関，バスや鉄道の廃止などが行われ，生活に大きな影響が表れる。特に，中国山地や四国山地の山間部，瀬戸内海の離島では，若い世代を中心に都市部に移り住む人が増えて，過疎化が進んでいる。

🔍 **【地域おこし】**
過疎化によって衰えた地域の経済力や減少した人口を取り戻すために行われる活動のこと。地域活性化，地域振興ともいう。地元の農作物などのブランド化，定住希望者の受け入れ，伝統的な祭りの観光化など地域の特色を生かした方法が考えられる。町おこし，村おこしなどともよばれる。

教科書の 答え をズバリ！

確認しよう p.199 **高齢化が進んでいる地域**

中国山地，四国山地の山間部，南四国において高齢化が進んでいる。

中国・四国地方の市町村別老年人口の割合（2019年）▶
（住民基本台帳人口・世帯数表 平成31年版）

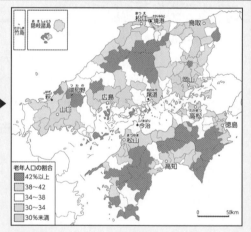

老年人口の割合
- 42%以上
- 38〜42
- 34〜38
- 30〜34
- 30%未満

説明しよう p.199
山陰（島根県，鳥取県）の観光業（右図参照）

例 出雲大社など多くの史跡があり「神話の里」ともいわれる島根県では，石見地域での伝統芸能，石見神楽や世界遺産の石見銀山などを観光資源として観光客を呼び寄せている。

鳥取県では，鳥取砂丘やなしの観光農園，漁港に加え，水木しげるの漫画の題材を新たな観光資源として取り入れている。

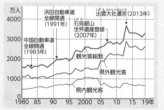

▲島根県を訪れる観光客数の変化
（島根県資料）

中国・四国地方

1 学んだことを確かめよう

1　A：松江市，島根県　B：鳥取市，鳥取県　C：山口市，山口県　D：広島市，広島県

　　E：岡山市，岡山県　F：松山市，愛媛県　G：高松市，香川県　H：高知市，高知県

　　I：徳島市，徳島県

2　ⓐ隠岐　ⓑ中国　ⓒ四国　ⓓ四万十

3　①高速道路　②世界遺産　③埋め立て　④石油化学　⑤かんきつ　⑥促成

写真を振り返ろう

㋐：瀬戸内　㋑：本州四国連絡橋　㋒：山陰　㋓：過疎　㋔：地域おこし

2 「地理的な見方・考え方」を働かせて説明しよう

ステップ1　この地方の特色と課題を整理する

①例　米子自動車道，浜田自動車道などの開通により，山陰から瀬戸内まで2，3時間で移動できるようになった。

②例　米子自動車道，浜田自動車道などの開通によって，出雲大社や石見銀山などに多くの観光客が訪れるようになった。

③例　大鳴門橋，明石海峡大橋の開通によって，「阿波踊り」などの観光に訪れる人が増えた。

ステップ2　「節の問い」への考えを説明する

作業1例　フェリーの時間を気にせずに買い物，通勤・通学，通院などができるようになった。／船や鉄道での運搬で主に近畿地方の市場に出荷していた瀬戸内のかんきつ類や南四国の野菜を，橋や高速道路の整備によって東京や札幌など遠くまで出荷できるようになった。／出雲大社，石見銀山などに多くの観光客が訪れるようになった。

作業2例　**促成栽培**によって生産した野菜を遠くの市場に出荷できるようになったことで，南四国の農業出荷量は増し，過疎化が進んでいた地域などでは，史跡・世界遺産などで観光客を呼び寄せたり，企業誘致をしたりすることが**地域おこし**につながった。

ステップ3　持続可能な社会に向けて考える

作業1例　各地域で課題となっている問題点を調べ，それを人や物の動きによって解決できないか考える。ICT（情報通信技術）を活用した取り組みを考えてみる。

作業2・3例　地域や組織などの生活に近い場所で，時間，資金，人手などが少なくてすむ取り組みやすい試みから優先的に行ってみる。

私たちとの関わり

例　新たに延びた高速道路の出入り口付近に，大型ショッピングセンターが進出してきた。／通信網の整備により，企業の情報処理センターやオペレーターセンターなどが都心から郊外に移転した。

CHECK!
確認したら✓を書＜

通信網を生かした地域おこしの取り組み
～徳島県神山町や上勝町のICT活用を例に～

●人口減少が続く過疎地域はどのような様子かな？

- 徳島県の神山町と上勝町は，徳島市や小松島市の中心部から車で約1時間の距離にあり，人口の流出が続いたため，過疎化と少子化・高齢化に直面している過疎地域である。しかし，高速通信網が利用できるインターネット環境などを整備し，新たな産業を創出して地域おこしに取り組んでいる。

▶神山町での取り組み

- 大都市に本社を置く複数の情報通信技術（ICT）関連企業が，神山町に遠隔拠点（サテライトオフィス）を置くようにした。

  #### 取り組みの成果

  - 豊かな自然を求めて，国内外から神山町への移住を希望する人が増えた。
  - 移住者の始めたカフェなどが，新しい移住者と地元の人たちの交流の場となった。

▶上勝町での取り組み

- 山間部に点在する「つまもの」を生産する農家を，ネットワークで結ぶ通信システムを整備した。

  #### 取り組みの成果

  - 各農家は，パソコンやタブレットで町内の出荷状況や都市の市場状況が確認できるようになった。
  - 各農家は，現状を確認した上で出荷の種類と量を決めることができるようになった。

※「つまもの」…料理を引き立てるために添えられる，もみじや菊などの季節の葉や花のこと。「つまもの」は高齢者でも収穫しやすく，山間部でも生産できる。

▲主な都市と過疎地域の分布
（住民基本台帳人口・世帯数表　平成31年版，ほか）

おさらい！ 第3部 第3章

CHECK! 😐
確認したら✓を書こう

教科書
174
〜
202
ページ

一問一答ポイントチェック

答え

第1節
p.171〜

九州地方

❶火山の山頂部分が落ち込んでできた大きなくぼ地のことを何というか？

❷世界最大級の❶をもつ九州の火山の名前は何というか？

❸九州北西部の海岸や東北の三陸海岸のように海岸線がのこぎりの刃のように入り組んでいる海岸を何というか？

❹火山で熱せられた地下水や蒸気を利用して電気を得ているのは何発電所か？

❺火山の噴出物が積もってできた，鹿児島県から宮崎県にかけて広がる台地を何というか？

❻牛，豚などの家畜を飼い，人間の生活に必要な肉，卵，乳などを生産したり，皮や毛を得ることを何というか？

❼同じ土地で1年に2回，種類の異なる作物を栽培する農業を何というか？

❽中国から輸入した鉄鉱石と筑豊炭田の石炭を利用して1901年に操業を開始した九州北部の製鉄所を何というか？

❾❽を中心に九州北部に発達した工業地帯を何というか？

❿沖縄県で最も割合の多い産業は第1次産業，第2次産業，第3次産業のうちどの産業か？

❶カルデラ

❷阿蘇山

❸リアス海岸

❹地熱発電所

❺シラス台地

❻畜産

❼二毛作

❽八幡製鉄所

❾北九州工業地帯

❿第3次産業

第2節
p.187〜

中国・四国地方

⓫中国・四国地方のうち，中国山地より北の日本海側の地域を何というか？

⓬中国・四国地方のうち，中国山地と四国山地にはさまれた地域を何というか？

⓭中国・四国地方のうち，四国山地より南の太平洋側の地域を何というか？

⓮瀬戸内海を横断して本州と四国を結ぶ橋を総称して何というか？

⓯塩田跡地や埋め立て地などの広い土地を利用してつくられた瀬戸内海沿岸に広がる工業地域を何というか？

⓰化学反応を利用して原料を加工して製品をつくり出す工業のうち，原油や天然ガスを原料とするものを何というか？

⓱いくつかの関連する工業が1か所にまとまり，互いに結びついて効率よく生産できるようにつくられた地域を何というか？

⓲過疎化によって衰えた地域の経済力や減少した人口を取り戻すために行われる活動を何というか？

⓫山陰

⓬瀬戸内

⓭南四国

⓮本州四国連絡橋

⓯瀬戸内工業地域

⓰石油化学工業

⓱コンビナート

⓲地域おこし

① 近畿地方の自然環境

ポイント 日本海，太平洋，瀬戸内海に面している近畿地方では，南北に山地が広がり，季節風の影響で北部は冬に雨と雪，南部は夏に雨が多い。中央部の平野や盆地では，暑さが厳しく，年間を通して降水量は少ない。

教科書ナビ

●206ページ 3行め
中央部は，日本最大の湖である琵琶湖と淀川を中心とした低地で，(…)。

●206ページ 13行め
(…) 若狭湾や志摩半島には，入り組んだ海岸線が特徴のリアス海岸が見られます。

●207ページ 2行め
日本海に近い北部は，北西からの季節風の影響で (…)。

徹底解説

🔍 **〔琵琶湖〕**
滋賀県の約6分の1の面積を占める日本最大の湖。琵琶湖へ流れる河川は大小合わせて約460本あるが，琵琶湖から流れ出る河川は淀川1本だけである。

🔍 **〔淀川〕**
琵琶湖を水源とする唯一の河川で，滋賀県，京都府，大阪府を流れて大阪湾に注いでいる。全長は約75kmで，琵琶湖の南端から流れ出る瀬田川が，名前を変え宇治川，淀川となる。

🔍 **〔リアス海岸〕**
海岸線がのこぎりの刃のように複雑に入り組んだ海岸。波のおだやかな湾が多く貝やわかめなどの養殖に適している。この地方では若狭湾（京都府・福井県）や志摩半島（三重県）などに見られる。

🔍 **〔季節風〕**
季節によって吹く方向が逆になる風。近畿地方では，夏には南東の季節風が紀伊山地にぶつかって太平洋側の地域に雨を降らせるため，紀伊半島の南東側は降水量が非常に多い。冬には北西の季節風が日本海側の地域に雪を降らせる。

教科書の 答え をズバリ！

資料活用 p.206 大阪中心部の特徴

例 広く平野が広がり，高層ビルが密集している。町の中を淀川が流れ，橋が張り巡らされている様子が見て取れる。

確認しよう p.207 近畿地方に見られる特徴的な地形

北部…なだらかな山地（中国山地，丹波高地）。リアス海岸（若狭湾）。

中央部…琵琶湖と淀川中心の低地，京都盆地，奈良盆地，播磨平野，大阪平野。

南部…険しい山地（紀伊山地）。リアス海岸（志摩半島）。

説明しよう p.207 近畿地方の北部・中央部・南部の気候の特色

北部…**例** 冬には北西からの季節風の影響で雪が多い。

中央部…**例** 内陸の盆地を中心に夏の暑さと冬の寒さが厳しく，1年の気温の差が大きい。南北を山地に挟まれているため，年間を通して降水量が少ない。

南部…**例** 黒潮の影響で冬でも温暖である。夏には南東からの季節風の影響で，紀伊半島の南東側では降水量が非常に多い。

② 琵琶湖の水が支える京阪神大都市圏

ポイント 京阪神大都市圏の経済，生活を支える琵琶湖では，かつて工業廃水や生活排水などで水質が悪化したが，周辺住民や滋賀県の取り組みで改善された。現在は，琵琶湖・淀川水系は観光にも生かされている。

教科書ナビ

○208ページ 1行め

京都，大阪，神戸を中心に広がる京阪神大都市圏は，東京大都市圏に次いで人口が集中（…）。

○208ページ 6行め

（…）1960年代から郊外の丘陵地にニュータウンがいくつも建設されました。

徹底解説

🔍 **〔京阪神大都市圏〕**

京都，大阪，神戸の三つの都市を中心に発達していることから「京阪神」とよばれる。20世紀の初めごろから私鉄が整備され，鉄道網が発達している。都心部にはデパートや遊園地，野球場などの娯楽施設がつくられ，鉄道を利用する乗客を増やしながら，郊外に住宅地を造成して大都市圏を発展させていった。

🔍 **〔ニュータウン〕**

京阪神大都市圏の中心部では，人口の増加にともなって住宅地が不足してきたので，周辺の山を削って住宅地とするニュータウンの建設が進められた。千里ニュータウン（大阪府吹田市・豊中市），泉北ニュータウン（大阪府堺市）は1960〜80年代にかけて，西神ニュータウン（兵庫県神戸市西区）は1980年代に建設されたもので，千里・泉北ニュータウンは再開発が課題となっている。

教科書の \答え/ をズバリ！

資料活用 p.208 六甲山地とポートアイ

ランドの位置 （右の図の通り）

確認しよう p.209 琵琶湖・淀川水系の給水区域内にある主な都市

（右図参照）

神戸市（兵庫県），大阪市・堺市（大阪府），京都市（京都府），大津市・長浜市（滋賀県），奈良市（奈良県），伊賀市（三重県）など

説明しよう p.209 琵琶湖周辺での環境保全の取り組み

例 周辺住民は水質悪化となる りん を含む合成洗剤の使用中止と，りん を含まない粉せっけんの使用を呼びかけ，滋賀県が下水道の整備や工場廃水の制限に取り組んだ。近年では，水中の りん などを養分として成長するヨシを湖岸に植えることで水質を改善する取り組みも行われている。

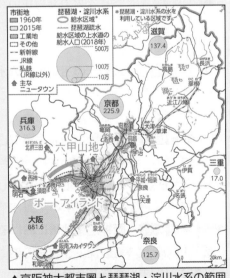

▲京阪神大都市圏と琵琶湖・淀川水系の範囲
（ＢＹＱ水環境レポート，ほか）

③ 阪神工業地帯と環境問題への取り組み

ポイント 阪神工業地帯では，地盤沈下，大気汚染などの環境問題を埋立地への工場移転や規制によって改善させた。近年は，中小企業による太陽光発電設備の設置や工業用水のリサイクルなどを進めたりしている。

教科書ナビ

●210ページ 2行め
（…）第二次世界大戦後は**阪神工業地帯**の中心として日本の工業を支えてきました。

●210ページ 5行め
（…）地盤沈下や工場の排煙による大気汚染などの**公害**が（…）。

●211ページ 7行め
大阪府の東部にある東大阪市や八尾市などには，**中小企業**の町工場が数多くあります。

徹底解説

🔍 【阪神工業地帯】

大阪府，兵庫県を中心として，大阪湾の臨海部や内陸部に広がる工業地帯で，京浜工業地帯，中京工業地帯と並ぶ工業地帯の一つである。臨海部では鉄鋼・石油化学工業，内陸部では機械工業などが発達しているが，化学や鉄鋼などの工業は外国との競争で伸び悩み，阪神工業地帯の工業の規模は縮小した。

🔍 【公害】

産業活動によって生じる自然環境や生活環境の悪化などの被害のこと。工場が集まる大阪では，1970年代から工場の排煙による大気汚染，地下水のくみ上げによる地盤沈下などの公害が発生した。大阪湾の埋め立てが行われ，埋立地への工場の移転が行われた。

🔍 【中小企業】

製造業では資本金が3億円以下または従業員数が300人以下の企業のこと。東大阪市や八尾市などの内陸部には，中小企業の工場が多く集まっており，生活にかかわりの深いものがつくられている。

教科書の 答え をズバリ！

資料活用 p.210 大阪湾岸の工業地帯の移り変わり

例 1964年頃にあった火力発電所の跡地が，2010年には工場に，2019年には物流施設に変わっている。また，2010年以降の写真では大阪湾岸に阪神高速湾岸線が通っていることがわかる。

資料活用 p.210 大阪府の工業用水の水源の変化

例 1965年にはリサイクル水と地下水の割合がいずれも3割程度だったが，2016年にはリサイクル水が8割以上を占めている。

資料活用 p.211 東大阪市の製造業に占める中小企業の割合

事業所総数5954社の99.8％が中小企業である。

確認しよう p.211 阪神工業地帯で発生した公害

地下水のくみ上げすぎによる地盤沈下や工場の排煙による大気汚染などの公害

説明しよう p.211 阪神工業地帯における環境問題への取り組み

例 1960年代の地盤沈下，大気汚染に対しては，埋め立てた大阪湾の臨海部に工場を移転させ，工場の騒音や振動などについては，時間帯によって規制を設けてきた。近年は，太陽光発電設備を設置したり，工業用水のリサイクルを進めたりしている。

④ 古都京都・奈良と歴史的景観の保全

ポイント 京都・奈良では，伝統的工芸品の生産が盛ん。古都の歴史と伝統を後世に受け継ぐために，補助金を出したり制限を設けたりして町のデザインを整え，伝統的な町並みを残すなどの取り組みを行っている。

教科書ナビ

●212ページ 12行め
（…）重要文化財に指定された（…）残されています。

●212ページ 13行め
また，西陣織や清水焼，奈良墨などの**伝統工芸品**の生産も盛んです。

徹底解説

🔍【重要文化財（じゅうようぶんかざい）】

文化財とは人間が生み出したもので文化的価値があるものをいう。美術工芸品，歴史資料，歴史的建造物などの有形文化財と，伝統的な祭りや年中行事などの無形文化財がある。奈良県や京都府には史跡や歴史的な神社や寺院が多く，重要文化財については，全国にあるうちの約2分の1が近畿地方に存在している。

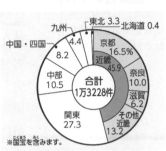

▲地方別の重要文化財数の割合
（2020年5月1日現在）
（文化庁資料）

※国宝を含みます。

合計 1万3228件

東北 3.3　北海道 0.4
九州 4.4
京都 16.5%
中国・四国 8.2
近畿 45.9
奈良 10.0
中部 10.5
滋賀 6.2
その他近畿 13.2
関東 27.3

🔍【伝統的工芸品（でんとうてきこうげいひん）】

古くから受け継がれてきた伝統的な技術でつくられ，日常的に使われる工芸品。京都には陶磁器の京焼・清水焼（きょうやき・きよみずやき），織物の西陣織などがある。ほかに，九州の有田焼（ありたやき）や石川県の九谷焼（くたにやき）などの陶器，友禅染（ゆうぜんぞめ）や沖縄県の紅型（びんがた）など。

教科書の答えをズバリ!

資料活用 p.212 京都市の2017年の外国人宿泊客数

2011年と比（くら）べると，約50万人から約350万人に増え，約7倍となっている。

資料活用 p.213 2005年と2020年の二年坂（にねんざか）の様子

- 町並（な）みの全体的な印象は，ほとんど変わっていない。
- 電柱，電線がなくなっている。
- 石畳（いしだたみ）は再整備（さいせいび）されている。
- 以前の景観を受け継いだデザインにされている。

確認しよう p.213 「古都」京都・奈良の観光資源の例

世界遺産（せかいいさん）の寺社，文化財，伝統的工芸品，伝統文化，伝統的な町並み

説明しよう p.213 歴史的景観を保全（ほぜん）するための京都と奈良の取り組み

例 京都…伝統的な町並みがよく残っている地区では，建物の高さやデザインを整えたり，電線を地中に埋（う）めたりしている。

奈良…伝統的な町家（まちや）（住居（じゅうきょ））を保存（ほぞん）するために，伝統的な外観を保（たも）ったまま建物の内部だけを店舗（てんぽ）や宿泊施設（しゅくはくしせつ）などに改装（かいそう）して利用している。

教科書
214
〜
215
ページ

第3部 第3章 第3節 近畿地方

CHECK!

確認したら✓を書く

⑤ 環境に配慮した林業と漁業

ポイント 紀伊山地は古くから林業が盛んだが，高齢化などで従事者が減り荒れた森林が増えた。林業の技能の習得・雇用支援や森林保全を企業との協力で進めている。漁業では漁獲の量，時期を制限して資源を保護している

教科書ナビ

○215ページ 3行め
また，二酸化炭素を吸収して**地球温暖化**を防ぐ役割もあります。

徹底解説

【地球温暖化】

地球全体で気温が上昇する現象のこと。温室効果ガスという二酸化炭素やメタンガスの影響といわれる。産業の発展に伴い，石炭や石油などの化石燃料の消費量が急増したことで二酸化炭素が増え，一方，二酸化炭素を吸収する森林が開発によって減少したことで，地球温暖化が進んでいると考えられている。気候変動や北極・南極の氷が解けて海面が上昇するなどの問題が心配されている。

教科書の 答え をズバリ！

資料活用 p.214 奈良・和歌山・三重における林業従事者数の変化

例 林業従事者数をみると，この20年で半数以下にまで減った。年齢層は，2005年から2010年にかけて65歳以上の割合が大きく減ったのに対して35歳未満の割合は増加傾向にあった。しかし，2005年以降の従事者数は下げ止まっている。

資料活用 p.215 兵庫県におけるズワイガニの漁獲量の変化

例 1970年に5000tあった漁獲量は，その後減り続け25年後の1995年には10分の1以下にまで減少した。近年，漁獲量を回復させたものの，また徐々に減り続けている。

確認しよう p.215 紀伊山地の林業での課題

● 出荷できる樹齢のすぎ，ひのきは豊富にあるが，安い外国産木材の輸入が増えて木材価格が低迷しているため，伐採ができないこと。

● 高齢化によって働き手が減り，森林管理の技術を受け継ぐ後継者不足のため，管理が行き届かず荒れてしまう森林が増えていること。

説明しよう p.215 近畿地方で行われている森林や水産資源を保全・保護するための取り組み

例 和歌山県や三重県では，都市部の企業が森林経営の仕事に参加する「企業の森づくり活動」をはじめ，「環境林」の保全，森林を守る県民税の徴収等が行われている。漁獲量が減少した日本海側の地域では，とるカニの大きさや量，時期を制限して水産資源の回復に努めている。

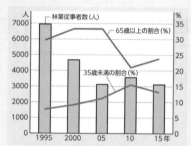
▲奈良・和歌山・三重の3県における林業従事者数の変化（平成27年 国勢調査報告書，ほか）

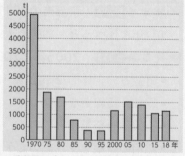
▲兵庫県のズワイガニ漁獲量の変化（農林水産省資料）

節の学習を振り返ろう

CHECK! 確認したら✓を書こう

近畿地方

❶ 学んだことを確かめよう

1．A…京都市，京都府　B…大津市，滋賀県　C…神戸市，兵庫県　D…大阪市，大阪府
E…奈良市，奈良県　F…和歌山市，和歌山県　G…津市，三重県

2．ⓐ若狭　ⓑ琵琶　ⓒ淀　ⓓ紀伊

3．①商業　②公害　③中小企業　④地球温暖化　⑤水質　⑥養殖

写真を振り返ろう

㋐琵琶湖　㋑中小企業　㋒伝統的工芸品

❷ 「地理的な見方・考え方」を働かせて説明しよう

ステップ1　この地方の特色と課題を整理する

①例　大阪湾の埋め立てを進め，港湾の整備や埋立地への工場の移転を行った。

②例　●建物の高さやデザインを整えたり，電線を地中に埋めたりする（京都）。

　●伝統的外観は保ったまま建物内部だけを店舗や宿泊施設などに改装して利用する（奈良）。

③例　●りんを含む合成洗剤の使用禁止と，りんを含まない粉せっけんの使用を呼びかける（琵琶湖周辺の住民）。

　●下水道整備，工場廃水の制限（滋賀県）。

ステップ2　「節の問い」への考えを説明する

作業1例　阪神工業地帯では地盤沈下，大気汚染，騒音や振動，琵琶湖・淀川水系では水質が悪化する公害が発生した。また，京都・奈良では歴史的景観が失われてきた。

作業2例　阪神工業地帯では，大阪湾の埋立地に工場を移転させて地盤沈下や大気汚染に取り組み，騒音・振動を規制する環境対策を行った。琵琶湖では周辺住民の合成洗剤の使用を規制し，京都・奈良では建物の高さや形を規制した。

ステップ3　持続可能な社会に向けて考える

作業1例　自然環境や歴史的景観は，一度壊してしまうと元通りにならないことに注意しながら産業発展を進めていく必要がある。

作業2例　毎日の生活において，安易にごみを捨てたり，汚れた水を流したりしないように心がける。

作業3例　（省略）

私たちとの関わり

例　山口県萩市 p.198

武家屋敷，町家，蔵，土塀など，江戸時代の城下町の面影が保存されている。

地域の在り方を考える

環境につちかわれた産業の発展のために
～地場産業から先端技術を生み出してきた京都の企業を例に～

CHECK!
確認したら✓を書

● 観光資源でもある京都の地場産業

▶京都では地場産業を観光資源として生かしている。

● 京都の伝統的工芸品は15品目以上と多い。
  例　京焼・清水焼・西陣織・京友禅など

● 清酒，京菓子，京漬物，京料理などで，地域で得られる原材料を生かしたものが多い。地場産業は観光資源でもある。

● 先端技術産業の重要拠点でもある京都

▶医療用や航空機用の精密機械，IC（集積回路）基板，ゲーム機などが京都の企業から生み出されてきた。

● 産業の発展に向けて

▶地場産業から先端技術産業へ，伝統技術を生かした新たなものづくり

● 京焼など陶磁器生産の技術を生かして，セラミックス素材を開発し，セラミックス部品を製造している企業が多くある。

● 高い技術力を生かし，メガソーラーや住宅用太陽光発電システムなどの環境技術においても世界的なメーカーとなっているセラミックス企業もある。

▶新しい企業を支援するために

● 1970年代以降は，新たに企業を立ち上げる例が少なくなっている。

● 京都市では，京都大学などにおいて，新しい企業を立ち上げるための講習会を開催したり企業を支援するための施設をつくったりする取り組みを進めている。

地場産業とは

　古くからその地域で受け継がれてきた技術や原料・材料を生かし，地域と密接に結びついて発達してきた産業。伝統工芸品を製作する伝統産業もその一つ。

0　　200km

京都

品目数
15
5
1

▲伝統的工芸品の指定品目数 (2019年) (経済産業省資料)

第3部 第3章 第4節 中部地方

CHECK! ☺
確認したら✓を書こう

教科書
222
〜
223
ページ

① 中部地方の自然環境

ポイント 日本アルプスがある中部地方の地形は，高地や平野と起伏に富む。太平洋側の東海は夏に雨が多く冬は温暖，日本海側の北陸は冬に雪が多い。内陸の中央高地は1年を通じて降水量が少なく冬の寒さが厳しい。

教科書ナビ

●222ページ 4行め
中部地方のほぼ中央には，日本アルプスとよばれる飛驒山脈，木曽山脈，赤石山脈があり，（…）。

●223ページ 6行め
（…）中部地方は，太平洋側の**東海**，内陸で標高の高い**中央高地**，日本海側の**北陸**，（…）。

徹底解説

🔍 【日本アルプス】
中部地方の中央高地に位置する三つの山脈の総称。北西から南東に向けて飛驒山脈，木曽山脈，赤石山脈の順でほぼ平行に並んでおり，標高3000m級の山々が連なっている。

🔍 【東海】
中部地方の太平洋に面した地域で，愛知県・静岡県のほか三重県の一部を入れる場合がある。木曽川，長良川，揖斐川の流れる濃尾平野に，中部地方最大の都市である名古屋市が位置する。太平洋側の気候で，夏は南東の季節風の影響で降水量が多い。冬は温暖である。

🔍 【中央高地】
中部地方の内陸部の地域で，長野県・山梨県のほか岐阜県の一部が位置している。日本アルプスの飛驒山脈・木曽山脈・赤石山脈が並行して走り，諏訪盆地，甲府盆地などの盆地がある。内陸のため1年を通して降水量が少なく，夏と冬，昼と夜の気温の差が大きい。夏は盆地では気温が高くなるが，高原は涼しく過ごしやすい。冬の寒さは厳しい。

🔍 【北陸】
中部地方の日本海に面する地域で，福井県・石川県・富山県・新潟県の4県が位置している。日本海側の気候で，冬に湿気を含んだ北西の季節風が吹き，雪が非常に多い。

教科書の 答え をズバリ！

資料活用 p.223 富山市（富山県）・諏訪市（長野県）・静岡市（静岡県）の降水量の違い

富山市では冬の，静岡市では夏の降水量が多く，諏訪市では年間を通して降水量が少ない。

確認しよう p.223 日本アルプスの位置（右の図の通り）

説明しよう p.223 中部地方の気候の特徴

東海…**例** 太平洋側の気候で，夏は南東の季節風の影響で降水量が多く，冬は温暖である。

中央高地…**例** 内陸の気候で，夏と冬，昼と夜の気温の差が大きく，年間を通して降水量は少ない。夏は盆地では気温が上がるが，高原は涼しく過ごしやすい。

北陸…**例** 日本海側の気候で，冬には湿気を含んだ北西からの季節風の影響で雪が多い。

第3部 第3章 第4節 中部地方 CHECK!

② 中京工業地帯の発展と名古屋大都市圏

確認したら✓を書

ポイント 中京工業地帯では自動車工業を中心とした機械工業が盛んで，工業の発展を背景に形成された名古屋大都市圏は，新幹線，高速道路，空港などによって国内外のさまざまな地域との結びつきを目指している。

教科書ナビ

●224ページ 5行め
自動車工業は第二次世界大戦後に大きく発展し（…）。

●224ページ 6行め
中心となる愛知県豊田市は「自動車の町」として有名に（…）。

●225ページ 1行め
（…）臨海部の重化学工業が一体となって発達し，中京工業地帯とよばれる日本最大の工業地帯が（…）。

●225ページ 9行め
（…）工業の発達を背景に成長して，名古屋大都市圏を形成してきました。

徹底解説

🔍 **〔自動車工業〕**
約3万点の部品を組み立てて1台の自動車をつくる工業。自動車工場の周りには部品をつくる関連工場が多く集まり，効率よく部品を自動車工場へ納入している。愛知県の豊田市や岡崎市，三重県の鈴鹿市には代表的な自動車工場があり，完成した自動車は自動車運搬船を利用して出荷される。

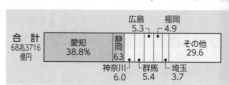

| 合　計 68兆3716億円 | 愛知 38.8% | 静岡 6.3 | 神奈川 6.0 | 群馬 5.4 | 埼玉 3.7 | 広島 5.3 | 福岡 4.9 | その他 29.6 |

▲輸送機械工業の出荷額（2017年）
（平成30年工業統計表）

🔍 **〔豊田市〕**
中京工業地帯の中で，特に自動車工業が発展している都市。繊維工業で用いる織物機械の技術が発展したことから，その技術が自動車工業の土台となった。

🔍 **〔中京工業地帯〕**
名古屋市を中心とした日本最大の工業地帯。京浜工業地帯・阪神工業地帯と並ぶ三大工業地帯の一つで，工業製品の出荷額は日本一である。愛知県の内陸部では昔は綿花が栽培され，綿織物などの繊維工業が盛んであった。織物機械を作るために発達した技術を生かして自動車工業が発展することになった。

🔍 **〔名古屋大都市圏〕**
名古屋とその周辺地域で密接な関係をもつ範囲。都心は政治・経済・文化の中心で，周辺地域には都心部へ通勤・通学する人々の住宅や商業施設がある。さらに周辺には，近郊農業などを営む地域が広がる。

教科書の\答え/をズバリ！

確認しよう p.225 中京工業地帯で生産が盛んな工業製品
輸送機械，石油製品，化学製品，電子・電機機械，業務用機械など。

説明しよう p.225 名古屋を中心とした地域で自動車工業が発展した理由
例 昔は繊維工業が盛んで，織物機械を作る技術が発展していた。その技術を土台にして自動車の生産を始めたため，名古屋を中心とする地域で自動車工業が盛んとなった。さらに，臨海部の重化学工業と一体となり大きく発達することとなった。

CHECK!
確認したら✓を書こう

教科書
226
〜
227
ページ

③ 東海で発達するさまざまな産業

ポイント 東海工業地域では、豊かな水を利用した楽器生産や製紙・パルプ工業が発達。また東海では輸送の便と温暖な気候を生かした茶や花、メロンなどの園芸農業が発展。漁獲量の多い焼津港周辺では魚を加工する食品工業も盛ん。

教科書ナビ

○226ページ 8行め
(…) 静岡県の太平洋沿岸は、**東海工業地域**とよばれています。

○226ページ 11行め
茶は、温暖で霜が降りることが少なく、日当たりと水はけのよい場所が栽培に適しています。

○227ページ 4行め
1968年に**豊川用水**という大規模な用水路が整備されたことにより(…)。

○227ページ 5行め
(…) この地域は都市向けに野菜や花などを栽培する**園芸農業**が盛んな地域へと変化しました。

○227ページ 7行め
(…) 日照時間を延ばすことで成長を抑える**抑制栽培**が行われています。

徹底解説

🔍【東海工業地域】

静岡県の太平洋岸を中心に広がる工業地域。東名高速道路沿いや沿岸部に発展している。浜松周辺では天竜川を利用して運ばれた木材を利用する木材加工を行う技術を土台として、自動車・オートバイや楽器の生産が盛んになった。富士市では富士山に由来する豊富な水を利用して製紙・パルプ工業など、多くの工場が集まっている。

🔍【茶】

茶は熱帯気候の地域が原産の植物である。栽培には温暖で日当たりと水はけのよい地域が適している。日本では、静岡県や鹿児島県などの台地で生産が盛ん。静岡県の牧ノ原や磐田原といった台地では、明治時代から生産が始まり、現在の生産量は非常に多い。近年は、日本国内だけでなく、アメリカ合衆国などにも輸出されている。

🔍【豊川用水】

豊橋平野(愛知県)と渥美半島の灌漑や工業用水に使われている用水路。もともと渥美半島は降水量が少なく河川からも遠いため、干ばつに遭うことが多かった。そこで、水不足解消のために1968年に造られた。その後は安定した農業用水の供給が可能となり、渥美半島の野菜生産量は増加した。

🔍【園芸農業】

都市に向けて出荷するための野菜や果樹、花などを栽培する農業。愛知県の渥美半島では1968年に大規模な用水路の豊川用水が整備されたことから園芸農業が盛んになり、東名高速道路を利用して、名古屋や大阪、東京などの大都市に出荷するようになった。温室などを利用する施設園芸農業とトラックやフェリーを利用する輸送園芸農業に分かれる。

🔍【抑制栽培】

出荷時期をずらすために施設などを使って植物の成長を遅らせる農業。愛知県南部の渥美半島では、夜に温室の照明をつけて明るくし、日照時間が短くなると開花する性質をもつ菊の開花時期を遅らせて、出荷時期を調整している(電照栽培)。仏壇用などに欠かせない菊は一年中需要があるので、年間を通して電照栽培が行われていて、渥美半島の生産量は日本一となっている。

◉227ページ 11行め
（…）都市への輸送の便がよいことを生かし，**施設園芸農業**が盛んな地域に発展しています。

🔍 〔**施設園芸農業**〕
ガラス温室やビニールハウスを利用して行われる園芸農業のこと。渥美半島や静岡県では，暖流の黒潮が近海を流れている影響で冬でも温暖なことから，温室の暖房費を抑えることができるので，施設園芸農業が盛んである。

◉227ページ 15行め
（…）インド洋や大西洋まで漁場とする**遠洋漁業**の基地として栄え，（…）。

🔍 〔**遠洋漁業**〕
遠く離れた海域で行われる漁業。南太平洋やインド洋，アフリカ沖などやオホーツク海，ベーリング海などの北洋漁業に大型の漁船で出かける。排他的経済水域の設定で漁獲量は減っているが，その基地として栄えた静岡県焼津港は，今でもまぐろやかつおの漁獲量が日本一である。

教科書の 答え をズバリ！

資料活用 p.227 渥美半島・沖縄における菊の電照栽培の違い

渥美半島も沖縄も電照栽培によって菊を生産している。渥美半島では，ガラス温室やビニールハウスを利用して栽培しているが，沖縄は温暖な気候のため，冬でも露地で栽培している。

確認しよう p.227 東海で栽培が盛んな農作物

茶，菊，キャベツ

茶 8.6万t	静岡 38.7%	鹿児島 32.6	三重 7.2	その他 21.5

菊 14億2400万本	愛知 31.8%	沖縄 17.9	福岡 6.7	鹿児島 6.0	その他 37.6

キャベツ 146.7万t	群馬 18.8%	愛知 16.7	千葉 8.5	茨城 7.5	鹿児島 5.2	その他 43.3

▲東海で生産が盛んな農産物（2018年）
（農林水産省資料）

▲電照栽培の様子

説明しよう p.227 東海で施設園芸農業が発展した背景

例 冬でも温暖なので温室の暖房にかかる燃料費を抑えることができ，東名高速道路などを使った都市への輸送の便がよいことから，東海では施設園芸農業が発展した。

④ 内陸にある中央高地の産業の移り変わり

ポイント
中央高地では，もともとは製糸業が盛んであった。現在は農業は果樹栽培を中心に，高原野菜の抑制栽培が盛んとなる。工業では，機械工業が発展。戦後は精密機械工業，1980年代以降は電気機械工業が発達した。

教科書ナビ

○228ページ 1行め
中央高地にある甲府盆地や長野盆地などの盆地には，扇状地が広がっています。

○228ページ 3行め
（…）明治から昭和の初めにかけては，養蚕のための桑畑として主に利用されていました。

○228ページ 4行め
（…）化学繊維の普及などによって，製糸業が衰退すると，（…）

○228ページ 18行め
（…）涼しい気候に適したレタスやキャベツなどの高原野菜の栽培が（…）。

徹底解説

🔍【扇状地】
川が谷から平野や盆地に流れ出る出口周辺にできる地形で，谷の出口を要にして開いた扇の形をしている。流れが緩やかになったことから粒の大きい砂や石が堆積してできる。水が地下にしみ込みやすいので水田には向かないが，一方で桃やぶどうなどの果樹栽培に適している。また，昼と夜の気温の差が大きい中央高地の気候が，おいしい果物をつくるのに適している。これらのことから甲府盆地や長野盆地では，日当たりのよい扇状地を利用した果樹栽培が盛んである。

🔍【養蚕】
蚕を飼って生糸（絹織物の原料）の原料になる繭を生産する産業。第二次世界大戦前までは農家の現金収入として重要であったが，化学繊維が普及したことから，生産が減少した。甲府盆地や長野盆地，諏訪盆地の扇状地は，明治から昭和の初めにかけ

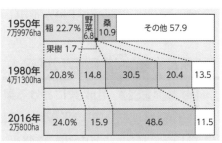

	稲	野菜	桑	その他
1950年 7万9976ha	稲 22.7%	野菜 6.8	桑 10.9	その他 57.9

果樹 1.7

1980年 4万1300ha	20.8%	14.8	30.5	20.4	13.5

2016年 2万800ha	24.0%	15.9	48.6	11.5

▲山梨県の農産物の作付面積の内訳の変化
（平成29年耕地及び作付面積統計，ほか）

て，蚕の餌である桑の葉を得るための桑畑に利用されていたが，製糸業が衰退すると，桑畑も減少し，現在は果樹栽培が盛んである。

🔍【製糸業】
蚕の繭から生糸をつくる工業で，日本では，明治以降に発達した。群馬県富岡市には明治時代に官営の富岡製糸場（2014年に世界文化遺産となった）が造られるなど，中央高地や関東地方の北西部などで製糸業が発達したが，化学繊維の普及などで衰退した。

🔍【高原野菜】
標高1000〜1500mくらいの高原で，夏の涼しい気候を利用して，収穫時期や出荷時期をずらして栽培される野菜。高冷地野菜ともいう。キャベツ，白菜，大根，レタス，セロリ，パセリなどが特に知られている。主な産地としては，八ヶ岳の野辺山原，乗鞍高原（いずれも長野県），那須高原（栃木県），嬬恋村（群馬県）などがある。

●229ページ 11行め
（…）時計やレンズを作る精密機械工業が発達しました。

🔍【精密機械工業】
光学機械や計測機器，時計など，高度の精密さが要求される機械を作る工業。長野県の諏訪湖周辺の岡谷市や諏訪市，茅野市では，きれいな空気や水が部品の洗浄に適していたことから精密機械工業が発達し「東洋のスイス」といわれた。

●229ページ 15行め
（…）電子部品やプリンタ，産業用ロボットなどの電気機械工業の工場が進出（…）。

🔍【電気機械工業】
発電機や変圧器から照明器具，テレビなどの家庭用電気器具まで，電気を利用する機械器具を製造する工業。中央高地では，1980年代以降に，山梨県の甲府市から長野県の松本市・長野市にかけて，

プリンタ 9752億円	長野 60.5%		福島 19.9	その他 19.6

| 産業用ロボット 1兆190億円 | 山梨 45.5% | 愛知 14.5 | 福岡 10.9 | 長野 5.1 静岡 4.6 兵庫 4.5 | その他 14.9 |

▲プリンタと産業用ロボットの出荷額
（2017年）（平成30年　工業統計表）

高速道路沿いに電子部品やプリンタ，産業用ロボットなどを製造する工場が進出して，電気機械工業が盛んになっている。

教科書の 答え をズバリ！

資料活用 p228　山梨県における果樹栽培の作付面積割合の変化

　山梨県において，1950年に1.7％しかなかった果樹の作付面積の割合は，1980年には30.5％に増加し，2016年には48.6％と，農作物の作付面積の約半分を果樹園が占めている。

資料活用 p.229　レタスを早朝に収穫する理由

例　高速道路を利用してその日のうちに東京や大阪の店頭に並べるため，早朝に行っている。

資料活用 p.229　長野県でレタス栽培が盛んな時期

　長野県では，他の産地の野菜の出荷量が少ない時期に涼しい気候を生かして5月から10月にかけて栽培が盛んである。

確認しよう p.229　山梨県と長野県で生産が盛んな果物（（　）内は，生産量の全国順位）

- 山梨県…桃（1位），ぶどう（1位）
- 長野県…りんご（2位），ぶどう（2位），桃（3位）　　　（ともに2018年）

説明しよう p.229　中央高地の産業の変化

例　明治から昭和の初めにかけて製糸業が盛んであったが，1920年代ごろから化学繊維の普及などにより衰退し始めた。第二次世界大戦中に空襲を避けるために大都市から製糸工場跡地に移ってきた機械工業の技術を戦後に地元企業が受け継ぎ，またこの地域のきれいな水や空気を生かして精密機械工業が発達した。1980年代以降は，整備された高速道路近くに電子部品やプリンタ，産業用ロボットなどを製造する工場が進出し，電気機械工業が盛んになっている。

⑤ 雪を生かした北陸の産業

ポイント 雪の多い北陸では，豊富な雪どけ水を利用して稲作が盛んである。雪に覆われる期間が長いため，冬に行われた屋内で織物，漆器などの工芸品を作る副業の技術を土台として地場産業が発展してきた。

教科書ナビ

● **230ページ 9行め**
新潟県の「魚沼産コシヒカリ」のように，銘柄米として（…）。

● **230ページ 12行め**
米は単作で作られ，冬の期間は屋内で作業できる（…）。

● **231ページ 1行め**
（…）現在ではさまざまな地場産業が発展しています。

徹底解説

🔍 **【銘柄米】**
産地や品種が登録されて銘柄（商品につけられる文字・図形などの標識のこと）がつけられた米のこと。魚沼産のコシヒカリのように，高い価格で販売されるものもある。ブランド米ともいう。

🔍 **【単作】**
一毛作ともいい，1年間に1種類の農作物だけを栽培すること。雪が多い北陸では，積雪で雪に覆われる期間が長いため二毛作はできず，米は単作で作られる。

🔍 **【地場産業】**
古くからその地域で受け継がれてきた技術や原料・材料を生かし，地域に密着して結びついて発達してきた産業のこと。そのうち，伝統的工芸品を作るものを伝統産業という。北陸では石川県の輪島塗や加賀友禅，富山県の高岡銅器，福井県の越前和紙などが代表的な例として知られている。

教科書の答えをズバリ!

資料活用 p.231 新潟県（北陸），長野県（中央高地），愛知県（東海）の農業の特色

新潟県（北陸）は農業産出額の5割以上が米であるが，長野県（中央高地）では野菜，果実の生産が多く，愛知県（東海）では野菜，畜産の生産が多い。

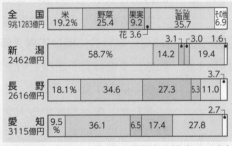

	米	野菜	果実	花	畜産	その他
全 国 9兆1283億円	19.2%	25.4	9.2	3.6	35.7	6.9
新 潟 2462億円	58.7%	14.2	3.1	3.0	1.6 19.4	
長 野 2616億円	18.1%	34.6	27.3	5.3	3.7 11.0	
愛 知 3115億円	9.5%	36.1	6.5	17.4	2.7 27.8	

▲新潟県・長野県・愛知県の農業産出額（2018年）
（平成30年 生産農業所得統計）

確認しよう p.231 北陸の地場産業

- 石川県…輪島塗，九谷焼，金沢箔，加賀友禅，山中漆器など
- 富山県…高岡銅器，高岡漆器など
- 新潟県…越後三条打刃物，小千谷縮など
- 福井県…越前和紙，越前漆器など

説明しよう p.231 北陸で地場産業が発達した理由

例 北陸では雪に覆われる期間が長く，冬の間は屋内で作業できる織物や漆器などの工芸品を作る副業が行われてきた。この副業でつちかわれた技術を土台として，北陸では地場産業が発達した。

中部地方

1 学んだことを確かめよう

1　A…新潟市，新潟県　B…富山市，富山県　C…金沢市，石川県　D…福井市，福井県
　E…岐阜市，岐阜県　F…長野市，長野県　G…甲府市，山梨県　H…名古屋市，愛知県　I…静岡市，静岡県

2　ⓐ飛驒　ⓑ木曽　ⓒ赤石　ⓓ渥美

3　①果樹　②電気機械　③自動車　④中京　⑤東海　⑥単　⑦地場　⑧大都市圏

写真を振り返ろう　⑦東海　⑦中央高地　⑦北陸　⑦地場産業

2 「地理的な見方・考え方」を働かせて説明しよう

ステップ1　この方の特色と課題を整理する

①例　●冬に雪が多い　　●雪どけ水が豊富　　●越後平野，富山平野などが広がる

②例　●扇状地の日当たりや水はけのよさを利用して果樹栽培が盛ん
　●涼しい気候を生かし，高原野菜の抑制栽培が盛ん…その日のうちに東京，大阪に出荷

③例　●自動車工業と重化学工業が一体化して日本最大の工業地帯（中京工業地帯）
　●東海道新幹線や東名・名神高速道路，中部国際空港によって全国各地と結びつく

ステップ2　「節の問い」への考えを説明する

作業1例　東海は，太平洋に面して温暖で河川の水が豊富。中央高地は，盆地で夏も涼しい。北陸は冬に雪が多く，雪どけ水が豊富である。

作業2例　東海では，繊維産業を土台にして造った自動車を名古屋港から輸出することで**自動車工業**を発展させてきた。中央高地では，冷涼な気候を利用した抑制栽培で**高原野菜**を栽培し，大都市に出荷してきた。北陸では，雪に覆われ農作業ができない期間の副業を土台に**地場産業**を発展させてきた。

ステップ3　持続可能な社会に向けて考える

作業1例　高齢化や後継者不足などの課題を抱えている。また，名古屋大都市圏は自動車産業への依存が強く，今後，リニア中央新幹線の開通などで東京の一極集中がさらに進むと，中部地方から人や技術が流出する可能性がある。産業・人・地域を結びつける地域開発が必要とされる。

作業2例　名古屋都心部には，繊維問屋などの空き店舗や空き地が多く残されている。それらを活用，再開発して地域を活性化させる取り組みが求められる。

作業3例　（省略）

私たちとの関わり

例　三重県志摩市p.204　　漁業のなかでも，真珠やのりの養殖が盛んである。

地域の在り方を考える

CHECK! 確認したら✓を書こう

時代の変化に対応する産業の創出
～新たなものづくりに挑戦を続ける静岡県浜松市を例に～

● **地域の持続的発展のため，産業に求められること**

▶ 時代の変化に対応するため，商品価値を高めたり，消費者の要求に合わせた商品開発が必要。

● 静岡県浜松市周辺には，「やらまいか」（「何事もまずはやってみよう」）という気風がある。

● 浜松市は，起業家・研究者の技術革新を得て産業を発展させてきた。

（江戸時代）綿織物や製材の生産

↓

軽自動車，オートバイ，ピアノ，テレビ，木工機械，写真フィルム，国産旅客機，アルミホイール生産などに発展。

● **近年における浜松市の産業**

▶ 先端技術産業における世界的な企業が，浜松市に拠点を置いている。

● テレビに映像を映し出す技術

↓

光センサーをスマートフォン，医療機器，宇宙でニュートリノを観測する装置などに応用。

● **産業と環境が調和した社会づくりを目指して**

▶ 新たな産業創出の取り組み

● 既存のものづくりの技術に，光技術，電子技術，情報通信技術（ICT）を融合させる取り組みをしている。

● 2018年に「SDGs未来都市」に選出され，持続可能な開発目標の実現に向かって地域の技術力を生かしている。

↓

▲工業の付加価値額（2017年）
（平成30年　工業統計表）

付加価値額
1兆円以上
の都道府県
○ー10兆円
○ー3兆円
・ー1兆円

工業の付加価値額は，愛知県が全国第1位，静岡県が第2位（2017年）と東海において高い。

※工業の付加価値額とは，出荷額から原材料費や税金を引いた額で，数値が大きいほど，高い技術を必要とする工業が発達していることになる。

一問一答ポイントチェック

答え

第3節
p.203〜
近畿地方

❶日本最大の面積の湖の名称は何か？

❷❶の湖があるのは何県か？

❸若狭湾や志摩半島で見られる海岸線が複雑に入り組んだ海岸を何というか？

❹京都・大阪・神戸を中心に広がる大都市圏を何というか？

❺大都市の周辺の山を削って建設された千里や泉北などの住宅地を何というか？

❻大阪湾臨海部とその周辺に発達した工業地帯を何というか？

❼東大阪や八尾市に集まっている工場はどのような規模の企業が多いか？

❽「古都」とよばれる近畿地方の二つの都市はどことどこか？

❶琵琶湖

❷滋賀県

❸リアス海岸

❹京阪神大都市圏

❺ニュータウン

❻阪神工業地帯

❼中小企業

❽京都・奈良

第4節
p.219〜
中部地方

❾中部地方の中央部に位置する3000m級の山が連なる三つの山脈の名前は？

❿❾の三つの山脈を総称して何というか？

⓫中部地方の太平洋に面する地域を何というか？

⓬中部地方の海に面していない内陸の地域を何というか？

⓭中部地方の日本海に面している地域を何というか？

⓮愛知県を中心に広がっている工業地帯を何というか？

⓯⓮の工業地帯で豊田市を中心に発展した組み立て型の工業は何か？

⓰名古屋市を中心に広がる大都市圏を何というか？

⓱静岡県の太平洋岸に広がる工業地域を何というか？

⓲都市向けに野菜や花などを栽培する農業を何というか？

⓳出荷時期をずらすため，施設などを使って植物の成長を遅らせる栽培方法を何というか？

⓴甲府盆地や長野盆地に広がる，果樹栽培の盛んな地形を何というか？

㉑中央高地で盛んだった養蚕から発展し，化学繊維の普及などで衰退した産業を何というか？

㉒産地や品種が登録され，高い価格で販売されることもある米を何というか？

㉓１年間に１種類の農作物だけを栽培することを何というか？

㉔古くから地域で受け継がれてきた技術や原料・材料を生かし，地域と密接に結びついて発達した産業を何というか？

❾飛騨山脈・木曽山脈・赤石山脈

❿日本アルプス

⓫東海

⓬中央高地

⓭北陸

⓮中京工業地帯

⓯自動車工業

⓰名古屋大都市圏

⓱東海工業地域

⓲園芸農業

⓳抑制栽培

⓴扇状地

㉑製糸業

㉒銘柄米

㉓単作

㉔地場産業

① 関東地方の自然環境

ポイント
関東地方に広がる日本最大の関東平野は、関東ロームに覆われた台地と川沿いに広がる低地からなる。内陸の北関東は夏と冬の気温差が大きく、降水量は少ない。海沿いでは夏は暑く雨が多く、冬に乾燥する。

教科書ナビ

○238ページ 2行め
日本最大の平野である**関東平野**を中心に、（…）。

○238ページ 4行め
（…）箱根山や富士山などの火山灰が堆積してできた赤土（**関東ローム**）に覆われた台地と、（…）。

○238ページ 12行め
（…）九十九里浜のような**砂浜海岸**が見られます。

○239ページ 4行め
特に冬は、北西の**季節風**が越後山脈などにぶつかって（…）。

○239ページ 9行め
（…）、冬に**観光農園**で花摘みが楽しめることで知られています。

徹底解説

【関東平野】
関東地方にある日本で最も広い平野。面積は約1万7000㎢で関東地方のほぼ半分を占めている。東と南は太平洋に面し、北は越後山脈と阿武隈高地、西は関東山地に囲まれている。平野の半分以上は関東ロームに覆われた台地で、水が得にくいため、畑や住宅地に利用されている。一方、利根川や多摩川などの川沿いにできた低地は水が得やすいので水田に利用されてきた。

【関東ローム】
関東地方の地表を広く覆っている赤土の層で、富士山や浅間山の噴火で発生した大量の火山灰が積もってできたもの。厚さは5〜15mで、火山灰が風化して粘土質になり、鉄分の酸化で赤い。関東ロームは台地の上にだけ見られ、川によって運ばれた土砂が堆積している低地には分布していない。

【台地】
川や海沿いの平地よりも一段高くなっている土地のこと。台地は水が得にくいので、畑や茶畑、住宅地などに利用される。関東平野は、千葉県北部の下総台地、東京都の武蔵野台地など、全体の半分以上が台地で、関東ロームに覆われている。

【砂浜海岸】
海岸が遠浅になっており、沿岸に砂浜が続く。関東地方では九十九里浜（千葉県）が有名。

【季節風】
季節によって吹く方向が逆になる風。夏には海洋から大陸に向かって吹き、冬は反対に大陸から海洋に向かって吹く。関東地方は、夏には南東からの季節風の影響で雨が多く、冬には北西からの季節風が越後山脈にぶつかって日本海側に雪を降らせた後、乾いた「からっ風」となって吹き降りてくるので乾燥した晴天が続く。

【観光農園】
観光客に生産した農作物の収穫などの一部の農作業の体験を通じて収入を得る農園のこと。農作物の収穫時期のみ開園するものから、通年で観光客を受け入れるところまでさまざまである。

●239ページ 11行め
（…）特に緯度が低い小笠原諸島の島々は，南西諸島と同じような気候です。

【小笠原諸島】

東京から南へ約1,000kmの太平洋上にあり，父島，母島など30余りの島々からなる。父島までは，東京港から船で約1日を所要するが，東京都に属している。一度も大陸や大きな島と陸続きになったことがないため，小笠原固有の生物が数多く生息し「東洋のガラパゴス」とよばれる。2011年に世界自然遺産に登録されている。

●239ページ 13行め
（…）気温が周辺地域よりも高くなるヒートアイランド現象がみられます。

【ヒートアイランド現象】

都市の中で，自動車やエアコンなどによる排熱が多く発生している地域の気温が，周囲より高くなる現象。同じ気温の地点を線で結ぶと，気温の高い地域だけが熱の島（ヒートアイランド）のように見えることから名前がついた。

●239ページ 14行め
また近年は，短時間のうちに大雨をもたらす局地的大雨（ゲリラ豪雨）が，（…）

【局地的大雨（ゲリラ豪雨）】

局地的大雨とは，急に強く降り，数十分の短時間に狭い範囲に数十ミリ程度の雨量をもたらす雨のこと。「ゲリラ」には，突然発生する，予想困難，局地的などの意味合いがあり，ゲリラ豪雨は，予測が困難な豪雨という意味合いで使用されることが多い。

教科書の 答え をズバリ！

資料活用 p.239

前橋，東京，父島の位置（右図の通り）

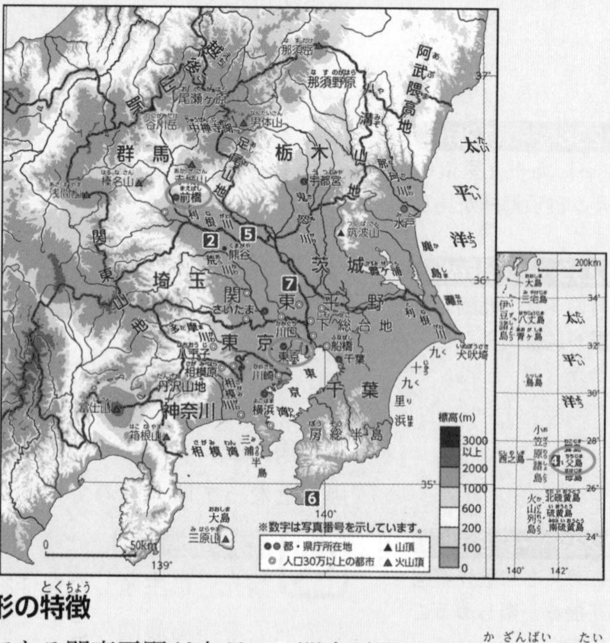

確認しよう p.239

関東地方における内陸と海沿いの気候の違い

内陸（前橋）…夏と冬の気温差が大きく，冬は特に降水量が少ない。

海沿い（東京）…夏は気温が高く，内陸よりも年降水量が多い。

説明しよう p.239

台地と低地からみる関東地方の地形の特徴

例　関東地方には日本最大の平野である関東平野が広がる。関東平野には，火山灰が堆積してできた関東ロームに覆われた台地と，河川沿いにできた低地が広がっている。

② 多くの人々が集まる首都，東京

ポイント 首都東京は政治，経済，文化の中心で，国際機関が集中する世界都市である。都心，副都心は昼間人口が多い。東京は鉄道，新幹線，高速道路，航空路線の起点として国内外とつながる交通網の中心でもある。

教科書ナビ

◯240ページ 1行め
日本の**首都**である東京は，世界でも有数の大都市で（…）。

◯240ページ 11行め
（…）千代田区などのオフィス街では，**夜間人口**よりも**昼間人口**がはるかに多くなります。

◯241ページ 6行め
東京への通勤・通学には，**都心**から放射状に発達した（…）。

◯241ページ 9行め
特に，新宿・渋谷・池袋などは**副都心**とよばれ，（…）。

徹 底 解 説

【首都】
国の統治機関が置かれている都市。日本の首都は東京で，国会議事堂，最高裁判所のほか多くの中央官庁が集まり，政治の中心となっている。また，日本銀行や大きな銀行の本店，大企業の本社なども集中して，経済の中心にもなっている。

【夜間人口】
ある地域における夜の人口で，その地域に住んでいる人口と同じ。大都市の都心で働く人の多くは郊外の住宅地から通勤しているため，都心では夜間人口より昼間人口が多くなる。

【昼間人口】
夜間人口にほかの地域から通勤・通学してくる人口を足し，ほかの地域へ通勤・通学する人口を引いた人口。昼間の買い物客などは含まない。

【都心】
都市の中心地区のこと。交通や通信など都市活動の様々な機能が集中し，高層ビルも多い。官庁街やオフィス街のある東京の千代田区，中央区，港区などの地域をいう。都心で働く人の多くは周辺地域から通勤しているため，夜間人口より昼間人口がはるかに多くなる。

【副都心】
東京の新宿，渋谷，池袋など，都心に次いで中心となる機能をもつ地域のよび方。都心と郊外を結ぶ交通の拠点となっている。

教科書の \答え/をズバリ！

資料活用 p.240 官庁街のある霞が関の位置

右の図の通り

確認しよう p.241 東京に集中的に集まっている機関

中央官庁，大使館，美術館・博物館，テレビ局，新聞社，教育機関，企業の本社など。

説明しよう p.241 昼夜間人口から見る千代田区の人口の特徴

例 千代田区は，**昼間人口**85.3万人に対して，**夜間人口**は5.8万人で**昼間人口**の１割にも満たない。

東京の中心部に集中するさまざまな機関（2018年）▶

③ 東京大都市圏の過密問題とその対策

> **ポイント** 東京大都市圏では，都心機能の集中，住宅不足などの問題を，市街地再開発，ニュータウン建設などで緩和させてきたが，さらなる人口増加や少子高齢化，建物の老朽化など，新たな課題も生じてきている。

教科書ナビ

●242ページ 6行め
（…）東京の周辺の県にかけて広がった**東京大都市圏**は，（…）。

●242ページ 7行め
（…）日本最大の都市圏として，人口が**過密**な地域になっています。

●242ページ 17行め
（…），臨海部の埋立地や鉄道施設の跡地などで**再開発**が行われてきました。

徹底解説

【東京大都市圏】

東京の都心から50〜70kmの範囲内で，鉄道網に沿って市街地が発達した地域をさす。東京への通勤・通学者が住み，都心との結びつきが強い。東京都の周辺の神奈川県，埼玉県，千葉県，茨城県が含まれ，日本の約4分の1の人口が集中する日本最大の都市圏である。首都圏ということもある。

【過密】

都市に人口や産業が集まりすぎる状態のこと。地価が上がり，住宅や学校の不足，通勤や通学などの交通混雑，水の不足，ごみ処理の問題，大気汚染や騒音などの環境問題が生じやすい。対策として，市街地の再開発，郊外の住宅開発，企業や学校を郊外に移転するなどがある。

【再開発】

市街地の一定の地域で古い建物や工場などを取り壊し，新しい目的と計画に基づいてまちを新しくつくり直すこと。横浜市の造船所の跡地を再開発した「みなとみらい21」地区や鉄道施設の跡地を再開発した「さいたま新都心」，千葉県の「幕張新都心」などが例としてあげられる。

▶「みなとみらい21」

横浜市が新都心づくりのために行った再開発事業。横浜駅に近い臨海部の，造船所跡地や埋立地を再開発し，オフィスビルや商業施設，高層住宅，国際会議場，美術館などが集まる。

▶「さいたま新都心」

東京の首都の補完と，地域の中心となる都市を目的として，さいたま市の国鉄の操車場の跡地を再開発して合同庁舎や企業のオフィス，商業施設が建設された。

▶「幕張新都心」

千葉県西部の東京湾海岸を埋め立て，国際会議場やイベントホール，娯楽施設や住宅を建設した新しい市街地。

○243ページ 3行め

（…）大規模なニュータウンが，東京の都心から30kmほど離れた郊外につくられ（…）。

〔ニュータウン〕

都心の過密化，住宅不足などへの対策として建設される郊外の市街地。東京大都市圏では，1970年以降，東京都西南部の多摩丘陵に多摩ニュータウン，千葉県千葉市北部の東京湾岸に海浜ニュータウンなどが造られた。近年は，これらのニュータウンにおいて，高齢化や建物の老朽化が問題となっている。

○243ページ 10行め

（…）横浜市・川崎市・さいたま市・千葉市・相模原市の五つの政令指定都市があります。

〔政令指定都市〕

地方自治法に基づいて政令によって指定された人口50万人以上の都市のこと。政令指定都市になると，行政上，財政上の特例が設けられて，一般の市よりも多くのことを独自に決めることができる。2020年現在，人口の多い順に横浜市（神奈川県），大阪市（大阪府），名古屋市（愛知県），札幌市（北海道），神戸市（兵庫県），福岡市（福岡県）など全国で20の都市が政令指定都市となっている。

教科書の 答え をズバリ！

資料活用 p.242 新宿区・横浜市都筑区・多摩市・所沢市・守谷市・市原市の位置（下図の通り）

確認しよう p.243 東京大都市圏にある五つの政令指定都市とその位置 （下図の通り）

横浜市，川崎市，相模原市（神奈川県），さいたま市（埼玉県），千葉市（千葉県）

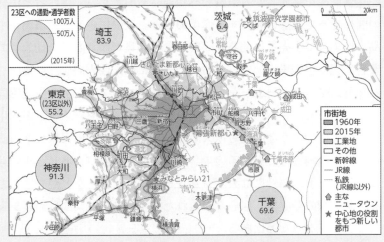

▶東京大都市圏の拡大と東京23区への通勤・通学者数

（平成27年国勢調査報告，ほか）

説明しよう p.243 東京大都市圏の拡大に伴う都市問題とその対策

例　人口が過密となり，交通渋滞，通勤時間帯の混雑やごみの増加，住宅不足などの問題が発生している。これに対し，交通渋滞緩和のために環状道路が整備された。通勤時間帯の混雑やごみ問題には，東京の大学・研究機関を筑波研究学園都市へ計画的に移転したり，埋立地や鉄道施設の跡地を新都心，副都心として利用する再開発が進められたりするなど，都心機能を分散させることが図られた。住宅不足には，大規模なニュータウンを郊外へつくることで対応してきたが，近年は居住者の高齢化や建物の老朽化が課題となっており，若い世代をよび込んだ地域活性化への取り組みが行われている。

④ 人口の集中と第3次産業の発達

CHECK!
確認したら✓を書

ポイント 情報と人が集まる東京では，テレビ局，新聞社，情報通信技術など，商業・サービス業が発展した。近年は周辺への大型店の出店により，商店街が衰退する問題なども生じている。

教科書ナビ

◯244ページ 5行め
さらに，インターネットに関連した**情報通信技術（ICT）関連産業**や（…）。

◯244ページ 12行め
第3次産業の**サービス業**に分類されるこうした産業の発達は（…）。

◯244ページ 17行め
このため，**商業**に携わる人が非常に多く，なかでも東京都は（…）。

徹底解説

🔍【情報通信技術（ICT）関連産業】

パソコンやインターネットなど，情報や通信に関連する技術を用いた産業のこと。ICTとは，IT（Information technology，情報技術）とCT（Communication technology，通信技術）を統合した言葉。首都機能を持つ東京には，膨大な情報が集まるので，情報に関連した産業も発展している。

🔍【サービス業】

物を提供するのではなく，さまざまなサービスを提供する業務をいう。金融，運輸・郵便，飲食，理容，医療・福祉，教育など，多くの種類がある。最近では，情報通信技術（ICT）関連産業が急速に拡大している。

🔍【商業】

商品を生産者から消費者へ流通させるために，生産者と消費者の間に立って商品を売買する産業のこと。一般に生産者や市場から商品を仕入れて小売業に売る<u>卸売業</u>と，卸売業者から商品を仕入れて消費者に売る<u>小売業</u>に分けられる。小売業には，個人商店，百貨店（デパート）やスーパーマーケット，コンビニエンスストア，生活協同組合などがある。さらに近年は，店を持たずにインターネットを利用した通信販売のような商業も拡大している。人口が多い東京大都市圏は日本最大の消費地でもあるので，多くの商業施設が立地し，駅の近くにはデパート，郊外には大型ショッピングセンターなどが立地している。交通網の発展で，都心から離れた栃木県や茨城県にも大型ショッピングセンターなどはある。

教科書の 答え をズバリ！

確認しよう p.245 東京大都市圏で盛んなサービス業の例

情報サービス業，広告業，デザイン業，テーマパークなど。

説明しよう p.245 人口が集中する地域でサービス業や商業が発達する理由

例 人口が集中すると，情報も集まるため，情報を扱う企業や情報通信技術（ICT）関連産業が発展した。またテーマパークなどのサービス業の発展が，さらに人を集めている。加えて，人口が集中する地域は大きな消費地となるため，商業が発達する。

⑤ 臨海部から内陸部へ移りゆく工場

ポイント 1960年代以降，東京大都市圏へ人口が集中し市街地が拡大すると公害などの問題が生じ，工場が内陸部に移転し，北関東工業地域が形成された。臨海部の工場跡地では商業施設などへの再開発が進められている。

教科書ナビ

◯246ページ 1行め
京浜工業地帯は，東京都・神奈川県・埼玉県にまたがる日本有数の工業地帯です。

◯246ページ 11行め
特に，千葉県の臨海部は京葉工業地域ともいわれ，大規模な石油化学コンビナートが立ち並んでいます。

◯247ページ 9行め
（…）大工場から部品の製造を請け負う中小工場も次々と進出し，内陸型の北関東工業地域が形成されました。

徹底解説

🔍 **〔京浜工業地帯〕**
東京都，神奈川県，埼玉県にまたがる工業地帯。中京工業地帯，阪神工業地帯と並ぶ三大工業地帯の一つである。人口が多く労働力を得やすいこと，水陸の交通が便利なこと，東京湾沿岸を埋め立てた工業用地が得やすいことなどの理由で急速に発展した。鉄鋼，機械，化学などの重化学工業が発達し，新聞社や出版社が多く印刷業も盛ん。

🔍 **〔京葉工業地域〕**
東京湾に沿って，千葉県の臨海部に発達した工業地域。埋立地は船を使った原材料の輸入や製品の輸出に便利なので，輸入した原油を原料とする製油や石油化学工業，鉄鋼業などが盛んである。また，工業に必要なエネルギーを供給する火力発電所も立地している。

🔍 **〔北関東工業地域〕**
群馬県，栃木県，茨城県を中心とする内陸部に広がる工業地域。京浜工業地帯が過密になったこと，高速道路が整備されたことにより，もともと繊維工業や航空機の生産が盛んな地域であった北関東に工業地域が広がった。高速道路の近くに自動車関連や電気機械などの工場が集まり，製品は北関東自動車道を利用して茨城県の日立港や茨城港から輸出されるようになった。

教科書の答えをズバリ!

資料活用 p.246 京葉工業地域と北関東工業地域の特徴

京葉工業地域では化学工業，北関東工業地域では機械工業が盛んである。

確認しよう p.247 千葉県市原市で生産される工業製品

石油製品，化学製品

説明しよう p.247 東京大都市圏への人口集中が京浜工業地帯と北関東工業地域に与えた影響

例 1960年代以降，東京大都市圏へ人口が集中すると，市街地が拡大した。工業用地の不足や公害などの問題が生じたため，工場が東京の中心部から離れた地域へ移転し，北関東にも工業地域が形成された。京浜工業地帯の臨海部では，古い工場の閉鎖や移転が増え，工場の跡地がオフィスや商業施設などに利用され，再開発が進められている。

▲関東地方の主な工業と出荷額
（平成29年工業統計表，ほか）

⑥ 大都市周辺の農業と山間部の過疎問題

ポイント 東京大都市圏周辺の農業地域では，都心部で消費する農作物を近郊農業によって生産している。山間部では，若い世代の都心部への流出で高齢化と<u>過疎</u>が進んでいるが，近年は，若い世代の流入もみられる。

教科書ナビ

● 248ページ 2行め
（…）都市の住民向けに新鮮な農産物を生産する**近郊農業**が発展してきました。

● 249ページ 6行め
（…）東京大都市圏などに移り住むようになったので，高齢化と**過疎**が問題（…）。

● 249ページ 12行め
（…）その結果，都市部から上野村に戻って生活する**Uターン**や（…）。

● 249ページ 13行め
（…）ほかの地域の出身者が上野村に移り住む**Iターン**による定住者が増え（…）。

徹底解説

🔍 **【近郊農業】**
大都市の近郊で行われる園芸農業（野菜・果樹・花などを栽培する）のこと。消費地に近いので，輸送費や時間をかけず新鮮なうちに市場まで運ぶことができる。

🔍 **【過疎】**
人口が減少し，活力が乏しくなった状態のこと。若者が都市へ流出することで人口が減少するため，過疎地域は高齢者の割合が高くなる。医療機関の閉鎖など社会生活に大きな影響が現れる。

🔍 **【Uターン】**
進学や就職などで地方から大都市に移り住んだ人が，再び出身地に戻って仕事に就くこと。Uの字のように地元から離れて戻ってくる移動になるため，このようによばれる。

🔍 **【Iターン】**
大都市から他の地域に移り住むこと。大都市からIの字のように一直線で移り住むことから，こうよばれる。

教科書の\答え/をズバリ!

資料活用 p.249 茨城県八千代町の農業と位置

茨城県は，はくさいの生産量が日本一（2018年）で，八千代町は県内有数の産地。

確認しよう p.249 関東地方の各県で盛んな農業

神奈川県…野菜栽培	千葉県…野菜栽培・畜産
埼玉県…野菜栽培	茨城県…野菜栽培
群馬県…畜産・野菜栽培	栃木県…畜産・野菜栽培

説明しよう p.249 東京大都市圏周辺の農業地域・山間部と東京大都市圏の結び付き

例 農業地域は，消費地である大都市圏に向けて新鮮な農作物を届ける近郊農業によって結び付いている。山間部は，大都市圏から多くの人が観光や登山などに訪れ，大都市圏に若い世代が移り住んできたが，近年は，Uターンや Iターンによって大都市圏から人々が移り住む傾向もみられる。

▲主な野菜などの栽培地と各県の農業産出額の内訳（2017年）

（農林水産省資料，ほか）

節の学習を振り返ろう

CHECK! ・・
確認したら✓を書こう

教科書
250
〜251
ページ

関東地方

1 学んだことを確かめよう

1　A…前橋市，群馬県　B…宇都宮市，栃木県　C…水戸市，茨城県　D…さいたま市，埼玉県　E…東京，東京都　F…千葉市，千葉県　G…横浜市，神奈川県

2　ⓐ越後　ⓑ関東　ⓒ関東　ⓓ利根　ⓔ房総

3　①過疎　②過密　③東京　④高速道路　⑤近郊　⑥政治　⑦経済　⑧情報

（⑥と⑦は順不同）

写真を振り返ろう

⑦首都　⑦東京大都市圏　⑦昼間人口

2 「地理的な見方・考え方」を働かせて説明しよう

ステップ1　この地方の特色と課題を整理する

①例　日本最大の関東平野に，関東ロームの台地と河川沿いに低地が広がる

②例　●東京都・神奈川県・埼玉県・千葉県にまたがる京浜工業地帯・京葉工業地域は，日本有数の工業地帯
　　●東京湾岸には，製鉄所・火力発電所・石油化学コンビナートなどが立地。
　　●東京では，出版・印刷・食品工業などが盛ん

③例　●通勤時間帯の混雑・ごみの増加などの都市問題が発生
　　●1970年代以降に開発されたニュータウンで，少子高齢化，建物の老朽化などが問題に

ステップ2　「節の問い」への考えを説明する

作業1例　東京には，江戸時代以来，政治・経済・文化の拠点が集まっているため，人口が集中してきた。

作業2例　日本の首都である東京には世界各地から人や情報が集まり，国内最大の消費地が形成されるため商業も盛んになる。食料消費量も最大になり，東京周辺では都心部に届ける農作物を生産する近郊農業が発達した。

ステップ3　持続可能な社会に向けて考える

作業1例　過疎である山間部では，過密する都市圏からのIターンやUターンを推進するために，働き口の確保や住宅の整備などの取り組みを行うとよい。

作業2例　若い世代の人々を山間部にとどめたり呼び寄せたりする制度などを，都心部と山間部が連携して考えることが重要である。

作業3　（省略）

私たちとの関わり

例　神奈川県横浜市都筑区p.243

平成10年132,639人→平成20年188,519人→平成30年212,296人→平成31年211,550人→令和2年212,642人と，増加している。

地域の在り方を考える

都市と農村の交流の取り組み
～東京都世田谷区と群馬県川場村の「縁組協定」を例に～

● 東京都世田谷区・群馬県川場村の様子

▶都市化が進んでいる世田谷区

- 世田谷区は，東京23区の中で最大の90万（2019年）の人口をもつ。
- 住宅地が拡大し，都市化も進行。

▶森林の広がる川場村

- 川場村の総面積の8割が森林。
- 稲作・こんにゃくいも・りんごの栽培が主な産業。
- 1970年代初めに過疎地域に指定される（→2000年に指定が外れる。）

● 世田谷区と川場村の交流の取り組み

▶互いの希望が一致し，1981年に相互協力協定（縁組協定）

- 世田谷区…区民が自然に触れ合うレクリエーション活動の場が必要。

  川場村……観光など，農業以外の産業が必要。

▶交流の取り組み例

- 世田谷区民が1年単位で川場村のりんごの木のオーナーになる。

  →春・秋の農作業に参加。
- 「世田谷区民健康村」という拠点施設が完成。

  →世田谷区の全小学校の5年生が川場村に宿泊する移動教室を始める。
- 川場村の森林の手入れを，区民と村民が協力する。
- 災害発生時に備えた相互援助を行う。

● 全国に広がる都市と農村の交流の取り組み

▶「子ども農山漁村交流プロジェクト」

- 子どもの体験活動などを通して都市と農村・漁村の
  交流をはかる取り組みは全国の市区町村に広がって
  いる。（右図参照）

●受け入れモデル地域
（2008～2014年）

0　200km

▶ 「子ども農山漁村交流プロジェクト」の
受け入れモデル地域（農林水産省資料）

おさらい！ 第3部 第3章

CHECK! ⌣
確認したら✓を書こう

教科書
235
〜
252
ページ

一問一答ポイントチェック

第5節
p.235〜

関東地方

答え

❶日本で最も広い平野を何というか？

❷❶の平野の台地を覆っている，火山灰が積もってできた赤土の層を何というか？

❸❶の平野を流れる日本で最も流域面積の広い川は何か？

❹エアコンの排熱などで特定の地域の気温が周辺の地域より高くなる現象を何というか？

❺東京のようにその国の統治機関が置かれている都市は何か？

❻交通や通信など都市活動のいろいろな機能が集中している都市の中心地区を何というか？

❼❻に次いで中心となる機能をもつ地区を何というか？

❽東京の都心から50〜70kmの範囲内で，神奈川県，埼玉県，茨城県，千葉県を含む都心との結びつきが強い地域を何というか？

❾ある地域の古い建物などを壊して新しい目的に応じた町につくり直すことを何というか？

❿政令で定められて行政上・財務上の特例がある人口50万人以上の大都市を何というか？

⓫出版・印刷などの産業と並んで，東京で盛んなインターネットに関連した産業を何というか？

⓬物を提供するのではなく，さまざまなサービスを提供する業務を何というか？

⓭商品を流通させるために，生産者と消費者の間に立って商品を売買する産業を何というか？

⓮東京都，神奈川県，埼玉県にまたがって広がる日本有数の工業地帯を何というか？

⓯千葉県の臨海部に発達した工業地域を何というか？

⓰栃木県，群馬県，茨城県の内陸部に発達した工業地域を何というか？

⓱都市の周辺で農作物を生産し，新鮮な状態で都市の市場に届ける農業を何というか？

⓲地域の人口が流出し活力が乏しくなった状態を何というか？

⓳都市部から出身地に戻って職に就くことを何というか？

⓴都市から出身地以外の地方に移り住むことを何というか？

❶関東平野

❷関東ローム

❸利根川

❹ヒートアイランド現象

❺首都

❻都心

❼副都心

❽東京大都市圏

❾再開発

❿政令指定都市

⓫情報通信技術(ICT)関連産業

⓬サービス業

⓭商業

⓮京浜工業地帯

⓯京葉工業地域
⓰北関東工業地域

⓱近郊農業

⓲過疎

⓳Uターン

⓴Iターン

① 東北地方の自然環境

ポイント 東北地方では南北に山脈・山地が連なり北に行くほど冬の寒さが厳しく，日本海側は降雪が多く，内陸，太平洋側では少ない。河川流域には稲作地域が広がり，太平洋側の三陸海岸では漁業が盛んである。

教科書ナビ

●257ページ 3行め

（…）太平洋側の三陸海岸には，入り組んだ**リアス海岸**が続きます。

●257ページ 8行め

（…）冬になると北西からの**季節風**によって冷たく湿った空気が流れ込むため，（…）。

●257ページ 12行め

特に太平洋側では，**やませ**とよばれる北東の冷たい風が吹くと，（…）。

徹底解説

🔍 **〔リアス海岸〕**
海岸線がのこぎりの刃のように複雑に入り組んだ海岸。波のおだやかな深い湾が多いので天然の良港になり，貝やわかめの養殖に適している。東北地方では太平洋側の三陸海岸（岩手県・宮城県）に広がり，多くの漁港があり，養殖業をはじめとした漁業が盛んである。

🔍 **〔季節風〕**
季節によって吹く方向が逆になる風。夏には<u>海洋</u>から<u>大陸</u>に向かって吹き，冬は反対に大陸から海洋に向かって吹く。東北地方では夏には南東の季節風が奥羽山脈にぶつかって<u>太平洋</u>側の地域に雨を降らせ，冬には北西の季節風が，<u>日本海</u>側の地域に雪を多く降らせる。

🔍 **〔やませ〕**
初夏のころ，東北地方の<u>太平洋</u>側に吹く冷たい北東の風。寒流の千島海流の上を吹いてくるため冷たい風となる。この風が吹くと曇りの日が続いて日照時間も減るため，気温が低下して冷害を起こし，太平洋側の稲作に大きな被害を与えることがある。

教科書の答えをズバリ!

資料活用 p.257 横手市(秋田県)・盛岡市(岩手県)・仙台市(宮城県)の降水量の季節変化

横手市…（日本海側）冬に北西からの湿った季節風が雪をもたらすため，冬の降水量が多い。

盛岡市…（内陸性）夏と冬の気温差が大きく，冬の降雪も多くない。

仙台市…（太平洋側）冬に日本海側で雪を降らせた乾いた風が吹き降ろすため，雪は少ない。

確認しよう p.257 北上川・最上川の流域に形成された盆地・平野

▲東北地方の主な都市の雨温図

(理科年表2020，ほか)

北上川流域…上流から，北上盆地，仙台平野

最上川流域…上流から，米沢盆地，山形盆地，庄内平野

説明しよう p.257 東西の違いに着目した東北の気候の特色

例 東北地方は中央に走る奥羽山脈によって，日本海側と太平洋側に分けられる。夏は南東の季節風の影響で，太平洋側では雨が多く降る。冬は北西の季節風の影響で，日本海側に雪が多く降る。

第3部 第3章 第6節 東北地方

CHECK!
確認したら✓を書こう

教科書
258
〜
259
ページ

② 伝統行事と生活・文化の変化

ポイント
東北地方の交通網が整備されると，地域の伝統行事は観光資源として注目されるようになった。仙台市にも多くの人が訪れ都市圏が形成されたが，人口減少や高齢化の進む地域もあり課題となっている。

教科書ナビ

○ 258ページ 10行め
こうした**伝統行事**は，東北地方の人々の生活や文化と（…）。

○ 259ページ 16行め
このように仙台市を中心とする**都市圏**が形成される一方で（…）。

徹底解説

🔍 【伝統行事】
地域で伝統的に受け継がれている行事や祭りのこと。季節の変化にかかわるものや，稲作の農作業と結び付いたもの，米の豊作を願うものなどがある。

🔍 【都市圏】
特定の都市の影響の及ぶ範囲のことで，その都市まで通勤してくる人々や，買い物に出かけてくる人々が居住している地域が含まれる。東北地方では，唯一の政令指定都市である仙台市を中心とする都市圏が形成されている。

教科書の答えをズバリ！

資料活用 p.258 東北地方において祭りの多い季節

夏（8月に集中している）

確認しよう p.259 東北地方に見られる祭りや伝統行事の目的

　東北地方では厳しい自然環境の中で米づくりを行ってきたため，東北地方の伝統行事では，「秋田竿燈まつり」のように豊作を願うものや，岩手県滝沢市の「チャグチャグ馬コ」のように農作業に関わった馬の労をねぎらうなど農業に関係する目的のものが多い。

説明しよう p.259 交通網整備の点からみる東北地方の伝統行事や人々の生活の変化

例　高速道路や新幹線などの交通網が整備されたことで，全国各地から多くの人が東北地方を訪れるようになり，東北三大祭りなどの伝統行事は観光資源として注目されるようになった。また，仙台市と東北地方の各都市が新幹線や高速バスで結ばれたことで，買い物，観光，通勤・通学で多くの人が仙台市を訪れるようになり，仙台市を中心とする都市圏が形成された。その一方で，新幹線や高速道路の通らない地域では，人口減少や高齢化が進んでいるところもある。

東北地方の主な都市の人口と交通網▶

（住民基本台帳人口・世帯数表　平成31年版，ほか）

151

③ 稲作と畑作に対する人々の工夫や努力

ポイント 東北地方の農業は,古くから寒さに強い農作物を栽培し食文化を支えてきた。特に,冷害や減反政策によっ
て米の生産量に影響を受けてきた稲作は,銘柄米の開発や転作などで工夫や努力を重ねてきた。

教科書ナビ

●260ページ 1行め
仙台平野や庄内平野,秋田平野など,東北方の平野や盆地では,(…)。

●260ページ 9行め
東北地方の太平洋側では,やませの影響を強く受けると,稲が十分に育たず,(…)。

●260ページ 9行め
(…)稲が十分に育たず,収穫量が減る冷害が起こることがあります。

●261ページ 2行め
(…)米が余るようになったため,政府は米の生産量を減らす減反政策を始めました。

●261ページ 4行め
(…),ほかの作物への転作が進みましたが,(…)。

徹底解説

🔍 **【庄内平野】**
山形県の日本海側の最上川流域に広がる平野。江戸時代から「庄内百万石」といわれた日本有数の稲作地帯で知られる。夏の気温が高く,日照時間が長い,雪どけ水が豊富であるなどの点が,稲作に適している。庄内米として,「つや姫」「はえぬき」「雪若丸」などの銘柄米が作られている。

🔍 **【やませ】**
稲の生長期にあたる主に6月から8月に,東北地方の太平洋側に吹く冷たく湿った北東の風。寒流の千島海流の上を吹いてくるため冷たい風となる。やませが吹く地域では,涼しい気候を生かした畑作も盛ん。岩手県はホップ,青森県はにんにくやごぼうなどの根菜類の一大産地。

🔍 **【冷害】**
夏に気温が上がらず,農作物が被害を受けること。日本では,北海道や東北地方で稲が被害を受けることが多い。東北地方では,やませの影響で青森県や岩手県の太平洋地域の被害が大きくなる。古くから水田の水を深く張ったり,防風網を設置したりして保温効果を高める対策が行われてきた。

🔍 **【減反政策】**
「反」は田んぼのことで,米をつくる田んぼを減らす政策。国内での米の消費が減って余るようになったため,1969年から米の生産量を制限する政策が行われた。初めは政府が奨励金を出して水田を休耕する方法がとられたが,1978年からは,米の代わりに小麦や大豆などほかの農作物をつくる転作が進められるようになった。その後,過度な減反政策が自由な競争をさまたげるなどの批判などから,2018年に減反政策は廃止された。

🔍 **【転作】**
これまで栽培してきた農作物をほかのものに変えること。減反政策によって米から小麦や大豆,花,野菜などへ転作する農家が増えたが,米の消費量が増えないため,減反政策が廃止された現在も転作を行う農家は増え続けている。

◯261ページ 5行め
（…）冷害に強いだ
けでなく，よりおいし
い銘柄米の開発も進め
られました。

🔍 **［銘柄米］**

産地や品種が登録されて銘柄（商品につけられる文字・図形などの標識のこと）がつけられた米。ブランド米ともいう。東北地方では宮城県の「ひとめぼれ」，秋田県の「あきたこまち」，山形県の「はえぬき」「つや姫」など，高い価格で販売されるものもある。

教科書の 答え をズバリ！

資料活用 p.260 東北地方の米の生産量の全国に占める割合

東北地方の米の生産量は，全国の約3割（27.5%（2018年））

（内わけ）　秋田県6.3%　　　山形県4.8%

　　　　　宮城県4.8%　　　福島県4.7%

　　　　　岩手県3.5%　　　青森県3.4%

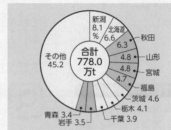

▲米の生産（2018年）
（農林水産省資料）

確認しよう p.261 やませの影響が強かった年の太平洋側地域での影響

　やませが直撃した青森，岩手県の太平洋側では，米の収穫量が平年の0〜20%，青森県との岩手県の内陸部と宮城県，福島県の太平洋側では，平年の20〜50%と落ちこんだ。（左下図参照）

説明しよう p.261 東北地方の農家が行っている稲作の工夫（右下図参照）

例　**やませ**は，初夏に東北地方の太平洋側に吹く冷たく湿った北東の風である。**やませ**は太平洋上で多くの水蒸気を含むため，陸では曇りや霧の日が増えて日照時間が減るため，気温が上がりにくく，**冷害**が起こって稲の生育に影響が出やすい。この**冷害**を防ぐために，昔から行われる水田に深く水を張って保温効果を高める工夫に加えて，「ひとめぼれ」などの**冷害に強い品種**の栽培を行っている。また，気温と稲の生育状況を管理する情報システムを利用する農家もいる。

▲1993年の米の収穫具合
（農研機構東北農業研究センター資料）

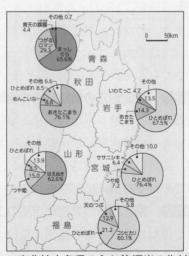

▲東北地方各県の主な銘柄米の作付面積の割合（2018年）（米穀安定供給確保支援機構資料）

④ 果樹栽培と水産業における人々の工夫や努力

ポイント 東北地方は果樹栽培が盛んで，収入安定のため1年を通じて複数の果物の栽培や観光農園を開いて収穫や出荷の手間を省く工夫がみられる。潮目があり豊かな漁場が広がる三陸海岸では，水産業が盛ん。

教科書ナビ

●262ページ 4行め
水はけがよく，日あたりもよいため，**果樹栽培**が盛んに行われてきました。

●263ページ 5行め
三陸海岸の沖合いには，寒流の親潮と暖流の黒潮が出会う**潮目（潮境）**があり，（…）。

●263ページ 9行め
（…）波が穏やかなため，かきやわかめ，ほたてなどの**養殖業**が盛んに行われてきました。

徹底解説

🔍 **〔果樹栽培〕**
扇状地など日あたりや水はけのよい斜面では，果物の栽培が盛んで，気候に合わせた果樹が栽培されている。山形盆地では，さくらんぼや西洋なしの栽培が盛んで，さくらんぼは全国の70％以上，西洋なしは全国の60％以上を山形県が生産している。また，青森県は津軽平野を中心にりんごの栽培が盛んで，全国の半分以上を生産している

🔍 **〔潮目（潮境）〕**
水温や塩分など性質の異なる海水がぶつかる境目のこと。三陸海岸の沖合いは，暖流の黒潮と寒流の親潮がぶつかり，海底の栄養分が巻き上げられてプランクトンが集まり，かつおやさんま，いわしなどのよい漁場となっている。

🔍 **〔養殖業〕**
いけすなどで魚や貝などを人工的に育て，収穫する漁業。三陸海岸ではかきやわかめ，陸奥湾では，ほたての養殖が盛んである。

教科書の 答え をズバリ！

資料活用 p.263 東北地方で生産される農産物や水産物

青森県…りんご，ほたて，にんにく，ごぼう，ながいも
岩手県…鶏（肉），こんぶ，わかめ，ホップ，乳牛
宮城県…かき，わかめ，さんま，かつお
福島県…桃，さやいんげん
山形県…さくらんぼ，西洋なし，ぶどう，すいか，りんご

確認しよう p.263 東北地方の果樹栽培の地域と種類

例　果樹栽培は，盆地や平地のヘリの傾斜地や扇状地で盛ん。りんごは青森県，岩手県，山形県，西洋なしは山形県，青森県，桃は福島県，山形県，さくらんぼは山形県でそれぞれ盛んに生産される。

説明しよう p.263 東北地方の果樹栽培農の工夫

例　1年を通してさまざまな種類の果物を並行して栽培して収入を安定させている。また，観光農園を開いて観光客をよび，収穫や出荷の手間を省き，地域の活性化につながっている。

▲東北地方の土地利用と主な農水産物 （農林水産省資料，ほか）

⑤ 工業の発展と人々の生活の変化

ポイント 高速道路や新幹線などの交通網が整備されたことから工業団地が造られ，働く場所が増えた。農業や漁業と兼業する人も多い。地元に豊富にある材料を使ったさまざまな伝統的工芸品の生産も盛ん。

教科書ナビ

○264ページ 9行め
交通網の整備に伴い，岩手県北上市や福島県郡山市などの高速道路沿いに**工業団地**が造られ（…）。

○265ページ 10行め
（…）木工品の天童将棋駒をはじめとするさまざまな**伝統的工芸品**があります。

徹底解説

🔍 **【工業団地】**

工場を誘致して，計画的に建設された工業地区のこと。主に地方の発展をはかるため，国や都道府県などが鉄道や高速道路，工業用地を整備し，中小工場などを集団的に誘致して形成する。

🔍 **【伝統的工芸品】**

古くから受け継がれてきた伝統的な技術で，地元でとれる材料を使ってつくられ，日常的に使われる工芸品。東北地方には，青森県の津軽塗や福島県の会津塗（漆器），山形県の天童将棋駒（木工品），岩手県の南部鉄器などがあり，江戸時代以前から，職人が育成されたり，農家の副業として行われたりしながら，発達してきた。

教科書の \答え/ をズバリ!

資料活用 p.264 東北地方の出稼ぎ者の数と工業出荷額の変化

例 工業出荷額が少ない1960年から1975年の出稼ぎ者数は増加しているが，1975年以降，工業出荷額が増加するとともに出稼ぎ者数は減少している。

確認しよう p.265 東北地方で工業が盛んな都市

いわき市，郡山市，福島市，仙台市，八戸市など

説明しよう p.265 東北地方の伝統的工芸品の変化

例 大量生産された価格の安い製品が普及したことにより，生産量は一時減少したが，地域の文化に根差した手作りのよさが見直されたり，現代風にデザインを変えたりすることで，国内だけでなく海外でも人気を得るようになった。また，高齢化による後継者不足も課題である。

東北地方の主な工業と出荷額▶

（平成29年工業統計表，ほか）

CHECK!
確認したら✓を書

節の学習を振り返ろう

東北地方

■1 学んだことを確かめよう

1　A…青森市, 青森県　B…秋田市, 秋田県　C…盛岡市, 岩手県　D…山形市, 山形県
　E…仙台市, 宮城県　F…福島市, 福島県

2　ⓐ最上　ⓑ庄内　ⓒ奥羽　ⓓ北上

3　①季節風　②観光　③減反　④果樹　⑤やませ　⑥伝統的工芸品　⑦自動車　⑧リアス
　⑨政令指定都市

写真を振り返ろう

　㋐やませ　㋑冷害　㋒潮目（潮境）　㋓養殖業

■2 「地理的な見方・考え方」を働かせて説明しよう

ステップ1　この地方の特色と課題を整理する

①例　働く場所が増えたことで, 出稼ぎはほぼなくなり, 農業や漁業と兼業する人も増えた

②例　伝統的工芸品については, 後継者が不足し職人の高齢化が進んでいる。

ステップ2　「節の問い」への考えを説明する

作業1　例

● 水はけや日あたりがよい傾斜地・扇状地では果樹栽培, 水が得やすい平野・盆地では稲作
が盛んになった。

● 地元でとれる砂鉄・漆・木材などを利用して伝統的工芸品がつくられるようになった。

● リアス海岸や潮目を利用して, 漁業や養殖業, 水産加工業が盛んになった。

作業2　例

　交通網の整備によって多くの人が訪れるようになり, **伝統行事**は観光資源となった。また
高速道路の周辺には**工業団地**が造られ, 働く場所ができたことで出稼ぎがほぼなくなった。
稲作においては, **冷害**に悩まされることで, **冷害**に強く味もよい銘柄米の開発が進んだ。

ステップ3　持続可能な社会に向けて考える

作業1例　後継者不足や職人の高齢化などの問題を解決していく必要がある。

作業2例

　後継者を増やし育成していくために, 地域外からも若い人材をよび込むことを優先して進
める必要がある。

作業3例　（省略）

私たちとの関わり

例　石川県金沢市p.221

　金沢箔とよばれる金箔は, 金沢の伝統的工芸品である。

地域の在り方を考える

CHECK! ☺
確認したら✓を書こう

教科書
268
ページ

災害からの復興と生活の場の再生
～高台に移転した岩手県宮古市田老地区を例に～

● **2011年の東日本大震災の津波による宮古市田老地区の被害**

- 長年，町を守ってきた防潮堤が破壊され，たくさんの人が犠牲に。
- 震災後，多くの人が住み慣れた地域を離れた。
  →高台に造られた新しい住宅地（三王団地）
  →かさ上げした旧市街地

● **三王団地への移転と新しいまちづくり**

▶三王団地への移転

- 2016年ごろから移転開始。
  現在は，約240世帯，約600人が暮らす（2019年）。

▶新しいまちづくりに向けて

- 震災前には別々の地域に暮らしていた人々が集まる。
  移転当初は，新しい団地での生活や近所づきあいに不安を感じる人が多かった。
      ↓
- 2017年に「三王地区自治会」結成
  自分たちの手で地域の問題を解決していく取り組みをスタート。

● **三王地区自治会の取り組み**

▶コミュニティ形成に向けたこれまでの取り組み

- 地域の問題を定期的に話し合う場を設ける。
- 多くの人が参加できるイベントを開催する。
- 家に閉じこもりがちな高齢者が集まる場を積極的に設ける。

▶災害に強い新たなまちづくりに向けた現在の取り組み

- 新たな防潮堤の建設を進めている。
- 幅広い世代の人々が生活しやすい環境を整え，地域の担い手を確保していく取り組みを進めている。

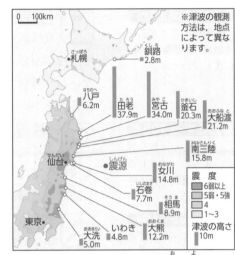

▲田老地区には最も高い津波が押し寄せ，大きな被害をもたらした。（気象庁資料，ほか）

① 北海道地方の自然環境

ポイント 日本の北端にある北海道は<u>亜寒帯（冷帯）</u>に属し，冬の寒さが厳しい。中央部南北に連なる山々が東西の気候を分け，日本海側では雪が多い。オホーツク海沿岸では，流氷など特有の自然も見られる。

教科書ナビ

◉273ページ 1行め
北海道のほとんどの地域は，**亜寒帯（冷帯）**に属しています。

◉273ページ 10行め
（…）寒流である親潮によって冷やされることで，**濃霧**を発生させるからです。

◉273ページ 11行め
また，知床半島などのオホーツク海沿岸には，冬になると**流氷**が押し寄せます。

徹底解説

🔍 **〔亜寒帯（冷帯）〕**
夏は短く，冬は寒さが厳しい。夏と冬の気温の差が大きい地域で，針葉樹の森が広がる。亜寒帯（冷帯）に属する北海道は，梅雨がないのが特色で，日本海に面する地域では北西の季節風の影響で雪が多く降るが，太平洋に面する地域では雪はあまり降らない。

🔍 **〔濃霧〕**
濃く立ち込めた霧のこと。夏に太平洋から吹く南東の季節風が寒流の親潮の上を吹いてくるときに冷やされ，北海道の太平洋に面した地域に濃霧を発生させる。

🔍 **〔流氷〕**
岸から離れて海を漂っている海氷（海水が凍った氷）。北海道のオホーツク海沿岸には，樺太（サハリン）の東を南下してきた流氷が1月中旬ごろから押し寄せ，流氷見学の観光船が運航される。

教科書の答えをズバリ！

資料活用 p.273　北海道地方と九州地方の気温・降水量の比較

例 九州地方では気温が5℃〜30℃で変動するのに対し，北海道地方では−5℃〜25℃と全体的に低く，夏と冬の気温差も大きい。降水量は，九州は，年降水量が1500mm〜2500mmくらいで特に夏の降水量が多いのに対し，北海道では年降水量は1000mm前後と少ない。

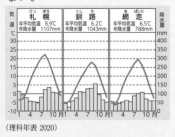

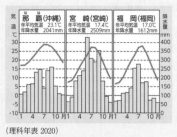

確認しよう p.273　北海道の中央部に位置する山脈・山地 北見山地，石狩山地，日高山地

説明しよう p.273　北海道地方と九州地方の地形や気候の共通点・相違点

例 共通点…北海道地方も九州地方も美しい自然がある。またともに火山が多く，温泉などの恵みを人々にもたらしている豊かな自然が広がる。

相違点…北海道地方は日本の北に位置し，冷涼で降水量は少ないが，九州地方は南に位置し，温暖で降水量が多い。

❷ 雪と共にある北海道の人々の生活

> **ポイント**
> 冬の寒さが厳しく降雪の多い北海道では，生活を守るため，寒さを防ぎ雪に備えるさまざまな工夫がされてきた。近年は「除雪」だけでなく，雪を利用して生活に生かす「利雪」の取り組みも進められている。

教科書ナビ

○274ページ 4行め
このため雪の日には，人々の生活を守るための**除雪**作業が欠かせません。

○275ページ 12行め
（…）雪を利用して生活に役立てようとする利雪の試みも進んでいます。

徹底解説

🔍 **【除雪（じょせつ）】**
積雪時に，建物が倒壊（とうかい）するのを防いだり交通を確保（かくほ）したりするために，屋根や建物の出入り口周辺，道路の雪や氷を取り除（のぞ）くこと。積雪の多い地域では，除雪車などでの除雪に多額（たがく）の費用（ひよう）がかかる。

🔍 **【利雪（りせつ）】**
豪雪地帯（ごうせつ）において，積もった雪を農作物や食品の貯蔵（ちょぞう）や建物の冷房（れいぼう）などに利用すること。雪に対して，「除雪」といった捉（とら）え方だけでなく，雪を生活や産業，観光などに生かしていく考え方。冬に積もった雪を，夏まで保存（ほぞん）して活用する技術開発（ぎじゅつ）も進められている。

教科書の 答え をズバリ!

資料活用 p.275　北海道の住宅にみられる雪や寒さへの工夫

- 屋根の傾斜（けいしゃ）…雪が積もりにくいようにする。
- 二重の玄関（げんかん）…開閉時（かいへい）に雪や寒さが家に入り込むのを防ぐ。
- 二重サッシの窓…室温（たも）を保つ。
- 雪かきの道具の用意…必要な時にすぐ雪かきができるようにする。
- 灯油タンク…暖房（だんぼう）などの燃料（ねんりょう）として大量に使う灯油を切らさないようにする。

傾斜のついた屋根
二重の玄関
二重サッシの窓
雪かき用の道具
灯油タンク

確認しよう p.275　雪に備え，北海道で行われている工夫の例

- 屋根の傾（かたむ）きを大きくして，雪が積もりにくいようにしている。
- 太陽光（たいようこう）などの再生可能（さいせいかのう）エネルギーを利用して，屋根の雪をとかす。
- 住宅の壁（かべ）や床（ゆか）に厚い断熱材（だんねつざい）を入れ，室温を保つ。
- 道路の風上側（かざかみ）に防雪柵（ぼうせつさく）を設（もう）けて雪が吹き込まないようにする。
- 積雪量の多い日でも道路の両端（りょうたん）の位置が分かるよう，矢羽根（やばね）という標識（ひょうしき）を付ける。

説明しよう p.275　北海道で行われている雪を生かした取り組み

例　冬の間にダンプカー約500台分の雪を雪室（ゆきむろ）に入れ，収穫（しゅうかく）した米を貯蔵し，次の年の夏まで新米の風味を保ったまま出荷（しゅっか）できるようにしている。また，雪を貯蔵庫（たくほ）に蓄（たくわ）えて建物を冷却（れいきゃく）する雪冷房システムを取り入れている施設（しせつ）もある。国内外から数百万人の観光客が訪（おとず）れる札幌市（さっぽろ）の「さっぽろ雪まつり」は北海道を代表するイベントである。

第3部 第3章 第7節 北海道地方

CHECK! ⌣⌣

確認したら✓を書

③ 厳しい自然環境を克服してきた稲作

ポイント 北海道に開拓に入った人々は，排水路を掘り，客土を繰り返し，約100年かけて農業に適さない泥炭地を農地へと変えた。寒い北海道でも育つ稲の品種改良も重ね，北海道は日本有数の米の産地となった。

教科書ナビ

◯276ページ 3行め
土の栄養分が少ない湿地（泥炭地）が広がっていたからです。

◯276ページ 8行め
（…）開拓のための役所（開拓使）が札幌に置かれました。

◯276ページ 9行め
手つかずの原野や森林を切りひらいて農地を造るために，屯田兵をはじめ，（…）。

◯277ページ 12行め
一方，1970年代以降の国の減反政策によって，転作を行う農家（…）。

徹底解説

🔍 **［泥炭地］**
寒冷地の湿地や沼池で枯れた植物が，低温のため十分に分解されないまま堆積し，長い年月を経て炭化したものを泥炭という。この泥炭が堆積したのが泥炭地で，栄養分が少なく，水はけがよくない。

🔍 **［開拓使］**
明治政府が，1869（明治2）年に北海道の開拓を本格的に進めるために設置した役所。開拓使の庁舎は，初めは東京に置かれたが，1870年に函館に，1871年には札幌に移された。札幌農学校（のちの北海道大学）を設立して開拓技術者を養成し，道路や鉄道の建設，ビール工場などの経営，鉱山の開発などを行った。

🔍 **［屯田兵］**
北海道の開拓と警備・治安の二つの任務を兼ねた兵団で仕事を失った士族など全国各地から集められた。屯田兵は，普段は農業を営みながら，ロシアに対する防備や周辺の警備・治安にあたった。

🔍 **［減反政策］**
国内での米の消費が減って余るようになったため，1969年から行われた米の生産量を減らす政策。初めは水田を休耕する方法がとられたが，1978年からは米の代わりに小麦や大豆などほかの農作物をつくる転作が進められるようになった。

教科書の 答え をズバリ！

資料活用 p.277 北海道の田と畑の面積の変化

例 1904年から1930年にかけて農地面積は急増し，以降，2015年まで増え続けている。田の面積は1970年から2015年にかけて減っているが，畑は増える傾向にある。

確認しよう p.277 石狩平野に広がっている農業に適さない土地の名称とその特徴

名称は泥炭地といい，その特徴は，湿って積もった枯れた植物が低温により分解されず炭化し堆積した湿地で，栄養分が少なく，水はけがよくない土地のことである。

説明しよう p.277 北海道で米の生産が盛んになった経緯

例 屯田兵などが石狩平野の農業に適さない泥炭地に「客土」をくり返すことで土地改良を行い，洪水対策もして農地を造った。稲は暖かい地方の作物で寒い北海道での栽培は難しかったが，寒さに強い稲の品種改良を続けたことで稲作が可能な範囲が広がり，北海道が日本有数の米の生産地となった。

④ 自然の恵みを生かす畑作や酪農，漁業

確認したら✓を書こう

ポイント 十勝平野などでは，豊かな土壌に改良された土地で大型農業機械を用いた畑作が，稲作や畑作に適さない東部・北部では酪農が盛んである。漁業では沿岸・沖合漁業のほか養殖業や栽培漁業も盛んである。

教科書ナビ

◯278ページ 6行め
（…）この地域は日本有数の畑作地帯に生まれ変わりました。

◯278ページ 9行め
（…）年ごとに栽培する作物を変える輪作を行なうほか，（…）。

◯278ページ 13行め
（…）寒い地域でも栽培できる牧草と，広い土地を生かして，酪農を発展させてきました。

徹底解説

🔍【畑作】
農作物を畑で栽培すること。北海道の十勝平野や北見盆地は，日本有数の畑作地帯で，農家1戸あたりの耕地面積が広く，大型の農業機械を使って，小麦やてんさい，じゃがいも，豆類など，寒さや乾燥に強い作物が主に栽培されている。1980年代以降は，交通網や保冷輸送技術が発達したことから，アスパラガスやだいこん，ほうれんそうなどの新鮮さが重視される野菜の栽培も盛んになった。

【補足】次のような農産物の生産も盛んである。

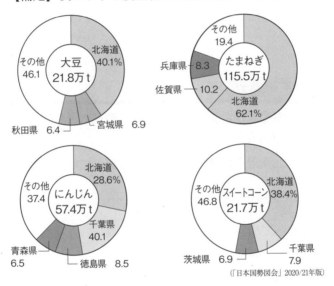

大豆 21.8万t
北海道 40.1%
その他 46.1
秋田県 6.4
宮城県 6.9

たまねぎ 115.5万t
その他 19.4
兵庫県 8.3
佐賀県 10.2
北海道 62.1%

にんじん 57.4万t
北海道 28.6%
その他 37.4
千葉県 40.1
青森県 6.5
徳島県 8.5

スイートコーン 21.7万t
北海道 38.4%
その他 46.8
千葉県 7.9
茨城県 6.9

（『日本国勢図会』2020/21年版）

🔍【輪作】
同じ耕地で年ごとに一定の順序で異なる作物を循環して栽培すること。同じ作物を同じ耕地で毎年栽培し続けると，地力が下がり，野菜や豆類などの作物の生育が悪くなって収穫量が減る連作障害という現象が起こる。これを避けるため，例えば，小麦→じゃがいも→てんさい→休耕→小麦…のように，一つの耕地に年ごとに異なる作物を循環させて栽培する。

🔍【酪農】
乳牛を飼い，バターやチーズ，牛乳などを生産する農業。主に市場に近いところでは傷みやすい生乳が生産され，市場から遠いところでは，加工されたバターやチーズなどの乳製品が生産され出荷される。

●279ページ 12行め
以前はアラスカ沖な
どの遠い北の海で，さ
けやすけとうだらなど
をとる**北洋漁業**が盛ん
でしたが，(…)。

🔍 **【北洋漁業】**
北海道より北のオホーツク海，ベーリング海などの北太平洋北
部で行われる漁業。この海域では，さけ，ます，たら，かになどの魚
介類が豊富にとれるので，ロシア沿岸やアメリカ合衆国のアラスカ沿
岸の海で盛んに行われていた。1977年から各国が排他的経済水域を設
定したため，水揚げ量は大きく減少した。

●279ページ 16行め
(…) 水産資源を安
定的に利用できるよう，
ほたて・こんぶなどを
育てる**養殖業**や，(…)。

🔍 **【養殖業】**
いけすなどで魚や貝などを人工的に育て，収穫する漁業。北海
道では，ほたてやこんぶ，かきの養殖が盛ん。

●279ページ 17行め
(…) 稚魚・稚貝を
育てて海に戻す**栽培漁
業**が盛んに行われるよ
うになりました。

🔍 **【栽培漁業】**
漁業資源を増やすため，卵を孵化させて育てた稚魚や稚貝を海
や川に放流し，成長してから漁獲する漁業。成魚になるまで育てる養
殖業とは区別される。

教科書の 答え をズバリ!

確認しよう p.279　**生産量が全国上位を占める北海道の農産物**

てんさい，じゃがいも，小麦，生乳など。

説明しよう p.279　**北海道で畑作や酪農，漁業が盛んになった理由**

例

畑作

● 火山灰が積もって栄養分の乏しい土地を，開拓に入った人々が，堆肥などを用いて豊
かな土壌に作り上げた。

● 土地が広大で農家1戸あたりの耕地面積が広い。

● 大型農業機械を使って，効率よく広大な土地を耕せる。

酪農

● 東部・北部は，夏でも気温が上がらず畑作や稲作に適していない寒くても栽培できる。
牧草と広い土地を生かして発展させ，根釧台地で特に盛んになった。

● 大規模化・機械化によって高品質な生乳を大量に生産できるようになった。

● 輸送技術が進歩し，鮮度を保ったまま生乳を全国に出荷できる。

漁業

● 北海道は日本海，太平洋，オホーツク海の三つの海に囲まれ，豊富な水産資源に恵ま
れている。

● 養殖業や栽培漁業によって水産資源を安定的に利用できるようになった。

● 漁港の周りに水産加工工場が集まり，加工品をすぐに国内外に出荷できる。

⑤ 北国の自然を生かした観光業

ポイント 美しい自然，雄大な景色などの魅力があり外国人観光客も多く訪れる北海道では，観光業が経済を支える重要な役割を果たしているが，自然保護と観光の両立は難しく，自然との共存が模索されている。

教科書ナビ

○280ページ 6行め
北海道では，観光客の増加に伴い，（…）観光業は（…）重要な役割を果たしています。

○281ページ 11行め
現在では，生態系の保全と観光の両立を目指したエコツーリズムの取り組みも進められています。

徹底解説

🔍【観光業】
北海道は、世界自然遺産に登録された知床をはじめ，美しく雄大な自然や貴重な動植物に恵まれている。ニセコ町や倶知安町では，やわらかく豊富な粉雪（パウダースノー）を求めて海外からの観光客が多く訪れる。また，小樽市や函館市では明治時代の建物なども残され，歴史的な町並みも楽しめる。観光業は，北海道の経済を支えているが，自然保護との両立が課題となっている。

🔍【エコツーリズム】
自然環境の保全と観光の両立を目指す取り組みのこと。美しい自然や雄大な景観が広がる北海道の知床半島や釧路湿原では，観光客が増えているが，そのために自然環境が破壊される恐れも出てきている。そこで，知床五湖周辺では，植物が踏み荒らされないように高架木道を設け，観光客の増加と自然環境の保全を両立を目指している。

教科書の\答え/をズバリ！

資料活用 p.281 北海道を訪れる外国人観光客数の変化と出身国・地域の割合

外国人観光客は，2013年ごろから急増している。出身国・地域は，韓国，中国，台湾が多く，この3か国（地域）で7割近くを占める。

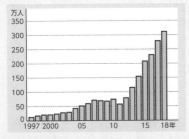

◀北海道を訪れる外国人観光客数の変化
（北海道資料，ほか）

合計 311万人

その他 20.4
韓国 23.5%
6.6
タイ 7.6
（台湾）19.1
（ホンコン）
中国 22.8

◀外国人観光客の出身国・地域の割合
（北海道資料，ほか）

確認しよう p.281 北海道に外国人観光客が多く訪れる時期と訪れる人が増えた理由

訪れる時期…冬

訪れる人が増えた理由…中国，韓国などアジアから北海道に直行する航空路線が整備された。また、温暖なアジアや季節が逆となる南半球の人々が北海道の粉雪や寒さを楽しむために訪れるようになったため。

説明しよう p.281 北海道の観光業の持続可能な発展に向けて必要だと思うこと

例 一度壊れた自然はもと通りにはならないため，観光化によって起こるかもしれない事態を想定し，それに対する対応策を十分練ってから慎重に観光化を進める必要がある。

節の学習を振り返ろう

北海道地方

1 学んだことを確かめよう

1　A…稚内市　B…網走市　C…旭川市　D…札幌市
　　E…帯広市　F…釧路市　G…函館市

2　ⓐ北見　ⓑ日高　ⓒ石狩　ⓓ知床

3　①米　②泥炭地　③栽培　④濃霧　⑤酪農

写真を振り返ろう

⑦流氷　④北洋漁業　⑤栽培漁業　⑤酪農　⑦畑作

2 「地理的な見方・考え方」を働かせて説明しよう

ステップ1　この地方の特色と課題を整理する

①例　**石狩平野**は，稲作に不向きな土地を客土により改良し，開拓した。**十勝平野**に広がる畑作地帯では，**大型の農業機械**を使って効率よく**広大な土地**を耕している。また，**根釧台地**では，**広大な土地**を生かして酪農を発展させてきた。

ステップ2　「節の問い」への考えを説明する

作業1例　北海道は都道府県の中でも面積が最も多く，気候は日本で唯一，亜寒帯（冷帯）に属している。厳しい自然を克服しながら，さまざまな産業が発達している。

作業2例　北海道の人々は，厳しい自然環境に備えるだけでなく，雪まつりや雪室などの**利雪**や観光客が自然の仕組みを学べる**エコツーリズム**に取り組んでいる。

ステップ3　持続可能な社会に向けて考える

作業1例　豊かな自然環境をうまく利用し，保全しながら，道外からの観光客を取り込み，地域を発展させていく必要がある。

作業2例　札幌を訪れる観光客にほかの都市も訪れてもらうために，交通網のさらなる充実が必要である。また，新千歳空港以外の航空便も増やすなど，来道しやすい環境をつくる必要がある。

作業3例　（省略）

私たちとの関わり

例　過疎地域の村

　少子高齢化により集落の存続が困難になりつつあるなか，観光客に来てもらうためにエコツーリズムを行ったり，ふるさとサポーターを募集したりして，村の魅力を発信する。

地域の在り方を考える

CHECK!
確認したら✓を書こう

教科書
284
ページ

地域の多様な文化を大切にする取り組み
～自然と共に生きるアイヌの人々を例に～

● **アイヌの人々が営んできた生活**

▶ 古くから北海道に住んでいた「先住民族」

● アイヌの人々は古くから北海道とその周辺に住み，木の皮から糸を作って織った織物を着て，川で捕獲したさけや山で採集した球根を食べていた。

● 木や草で家を建て，自然から得たものを持って交易に出向いていた。

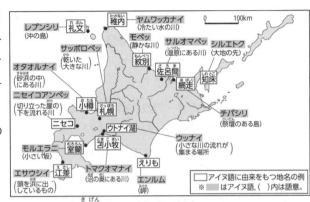

▲アイヌ語に起源をもつ北海道の地名（北海道地名分類字典，ほか）
北海道にはアイヌ語に起源をもつ地名が多く残っている。

● **開拓政策下でのアイヌの人々**

▶ それまでの生活を奪われる

● 明治時代に北海道の開拓政策が進められると，アイヌの人々は住む場所を失ったり，狩猟・採集を中心とする生活ができなくなったりした。

▶ 明治政府の対応

● 明治政府は「北海道旧土人保護法」を制定
　→開拓の難しい荒れ地を耕させられ，アイヌの人々は苦しい生活を強いられた。

● 学校では日本語の使用を強制。

● アイヌ独特の儀式や慣習を禁止。→アイヌ語・アイヌ文化を受け継ぐ人が激減。

● **権利回復に向けたアイヌの人々の努力**

▶ 社会的地位向上と民族の名誉・尊厳の回復に向けて（1997年のできごと）

● アイヌの人々がねばり強く運動を続けた結果，北海道旧土人保護法は廃止。

● アイヌ文化振興法制定
　→アイヌの人々が育んできた文化の伝承・再生を目指す取り組みが進められる。

▶ アイヌの人々を取り巻く現在の環境

● 2007年に国連総会で「先住民族の権利に関する国際連合宣言」採択。

● 2019年に日本の国会でアイヌの人々を「先住民族」と明記する法律が成立。
　→アイヌの人々の地域社会づくりに対する国の財政的支援も盛り込まれている。

おさらい！ **第3部** **第3章**

CHECK!

確認したら✓を書

一問一答 ポイントチェック

答え

❶岩手県南部から宮城県北部の三陸海岸にみられる，複雑に入り組んだ海岸を何というか？

❶リアス海岸

❷地域で受け継がれている祭りや行事を何というか？

❷伝統行事

❸❷の東北三大祭りのうち，米の豊作を願って秋田市で行われる祭りを何というか？

❸秋田竿燈まつり

❹東北地方で唯一の政令指定都市で，ここを本拠地とするプロ野球球団やプロサッカーチームがある都市はどこか？

❹仙台市

❺初夏に東北地方の太平洋側に吹く冷たく湿った北東の風を何というか？

❺やませ

❻❺の風が原因で稲作が受ける被害を何というか？

❻冷害

❼米の生産を減らすために政府が行った政策を何というか？

❼減反政策

❽「あきたこまち」や「はえぬき」など，特に優れた品質をもつとして産地や品種が登録された米を何というか？

❽銘柄米

❾東北地方の盆地や平野のへりにある傾斜地や扇状地で盛んに行われている農業は何か？

❾果樹栽培

❿「佐藤錦」や「紅秀峰」などの品種がある，山形県が全国生産1位の果物は何か？

❿さくらんぼ

⓫寒流と暖流がぶつかる境目を何というか？

⓫潮目

⓬魚や貝を人工的に育てて増やす漁業を何というか？

⓬養殖業

⓭古くから受け継がれてきた技術で，地元でとれる材料を使ってつくられる工芸品を何というか

⓭伝統的工芸品

⓮北海道が属する気候帯は何か？

⓮亜寒帯（冷帯）

⓯明治時代の初めに北海道の開拓を進めるために設けられた役所を何というか？

⓯開拓使

⓰日本有数の畑作地帯である北海道の平野はどこか？

⓰十勝平野

⓱稲作や畑作に適していない根釧台地で盛んに行われている農業は何か？

⓱酪農

⓲地力の低下を防ぐために同じ耕地で年ごとに栽培する作物を変えることを何というか？

⓲輪作

⓳北緯45度以北の北太平洋北部で行われる漁業を何というか？

⓳北洋漁業

⓴卵からかえして育てた稚魚や稚貝を海や川に放流し，沿岸の漁業資源を増やそうとする漁業を何というか？

⓴栽培漁業

㉑自然環境の保全と観光の両立を目指す取り組みを何というか？

㉑エコツーリズム

地域の在り方

CHECK!
確認したら✓を書こう

教科書
286
～
295
ページ

ポイント 地域の課題を解決するための取り組みを理解し，その課題を解決するためにはどうすればよいかを考え，構想を練る。新たな地域の魅力を見つけ，発信することを通じて持続可能な社会の在り方について考える。

資料活用 p.286 持続可能(じぞくかのう)な社会に向けて考えたこと

九州地方 （p.184～p.185）	**●自然環境を生かした地域の発展** 例　由布院や別府など海外から多くの観光客が訪れる温泉地もあり，火山のまわりにある温泉は貴重な観光資源になっている。また，火山活動による地熱を利用した地熱発電が盛んで，エネルギー産業の発展に寄与している。
中国・四国地方 （p.200～p.201）	**●交通網や通信網を生かした地域の発展** 例　本州四国連絡橋の開通により本州と四国の各都市間の移動時間が短縮され，おもに観光や物流が盛んになるとともに，連絡橋を使った通勤や通学など人の行き来も盛んになった。
近畿地方 （p.216～p.217）	**●自然環境や歴史的景観の保全と地域の発展** 例　京都市では条例を制定し，建物の高さやデザインなどを制限することで，伝統的な町並みを守ろうとしている。その結果，国内はもちろん世界中から多くの観光客が京都市を訪れるようになった。
中部地方 （p.232～p.233）	**●産業を生かした地域の発展** 例　中央高地では冷涼な気候を生かした高原野菜や果樹栽培が盛んであり，首都圏と高速道路で結ばれていることから，果物狩りなどの観光農園や避暑地として発展している。
関東地方 （p.250～p.251）	**●人口の多さを生かした地域の発展** 例　東京は日本各地や世界から人，モノ，情報が集まることで，政治や経済，文化などで中心的な役割を果たしている。過密化を解消するために再開発を行い，都市機能の分散化を行っている。
東北地方 （p.266～p.267）	**●伝統文化を生かした地域の発展** 例　地域住民によって文化の維持や保存を進めながら，夏祭りや古くからの伝統行事を引き継ぎ，観光業を発展させることで地域の活性化にもつなげている。
北海道地方 （p.282～p.283）	**●自然環境を生かした地域の発展** 例　世界自然遺産の知床半島やラムサール条約に登録されている国内最大の湿地である釧路湿原では，エコツーリズムを通じて観光業と環境保全の両立を目指している。

教科書ナビ

◎286ページ 4行め

（…）将来の世代にわたって発展していける持続可能な社会を目指すために，（…）。

徹底解説

🔍 【持続可能な社会】

地球環境や自然環境が適切に保全され，将来の世代が必要とするものを損なうことなく，現在の世代の要求を満たすような開発が行われている社会。経済発展により人々の生活は豊かで便利なものになったが，その一方で地球環境の悪化をもたらしている。また，イギリスの産業革命以降，温室効果ガスの排出量の増加は世界の気候に深刻な影響を与えている。そこで持続可能な社会に向けた取り組みが世界で広がりつつある。

技能をみがく

- **展示発表のしかた** p.294
  - 調査して分かったことを地図やグラフにして，ポスターやレポートにまとめたり，プレゼンテーションソフトを使ってまとめたりして，文化祭などで発表する。
  - 地図や写真，データを入れてまとめ，学校のホームページで公開する。
  - まちづくり，地域づくりコンテストなどに応募する。

- **ポスターの作り方** p.295
  - **タイトル**…伝えたいことを短く書く。体言止めを使うなど表現を工夫する。見る人の関心をひくようなイラストを入れるのもよい。
  - **見出し**…各見出しの要点文だけで概略が分かるようにする。
  - **調査の動機と目的**…調査のきっかけになったできごとや具体的な体験を整理し，伝えたいことをはっきりさせる。
  - **調査の方法**…何について，どのように調査したのかを書く。
  - **調査の内容と結果の考察**…調査の内容が読み手にも理解しやすいような表現を心がける。視覚的にわかりやすくするため写真や図を活用したり，内容に説得力を持たせるためにデータを用意し，適切に引用したりするのもよい。引用する場合には，出典（引用元の本や資料の名称）を明記すること。
  - **課題の解決に向けた構想**…課題を多面的にとらえて考察した解決策や，持続可能な社会に向けて構想したことを簡潔に書くようにする。
  - **まとめと感想**…事前に考えたことが正しかったかどうか，調べてわかったことをまとめる。また，この調査を通じて感じたことや考えたこと，さらに調べたいと思ったことを書くのもよい。
  - **参考資料**…ポスターを制作する際に参考にした書籍や資料，ウェブサイトのアドレスを書く。書籍は，書名・著者名・発行年など，資料は資料名，発行元など，インターネット上の資料であれば，アドレスや閲覧した日付などを書く。